4. Zerstörerflottille

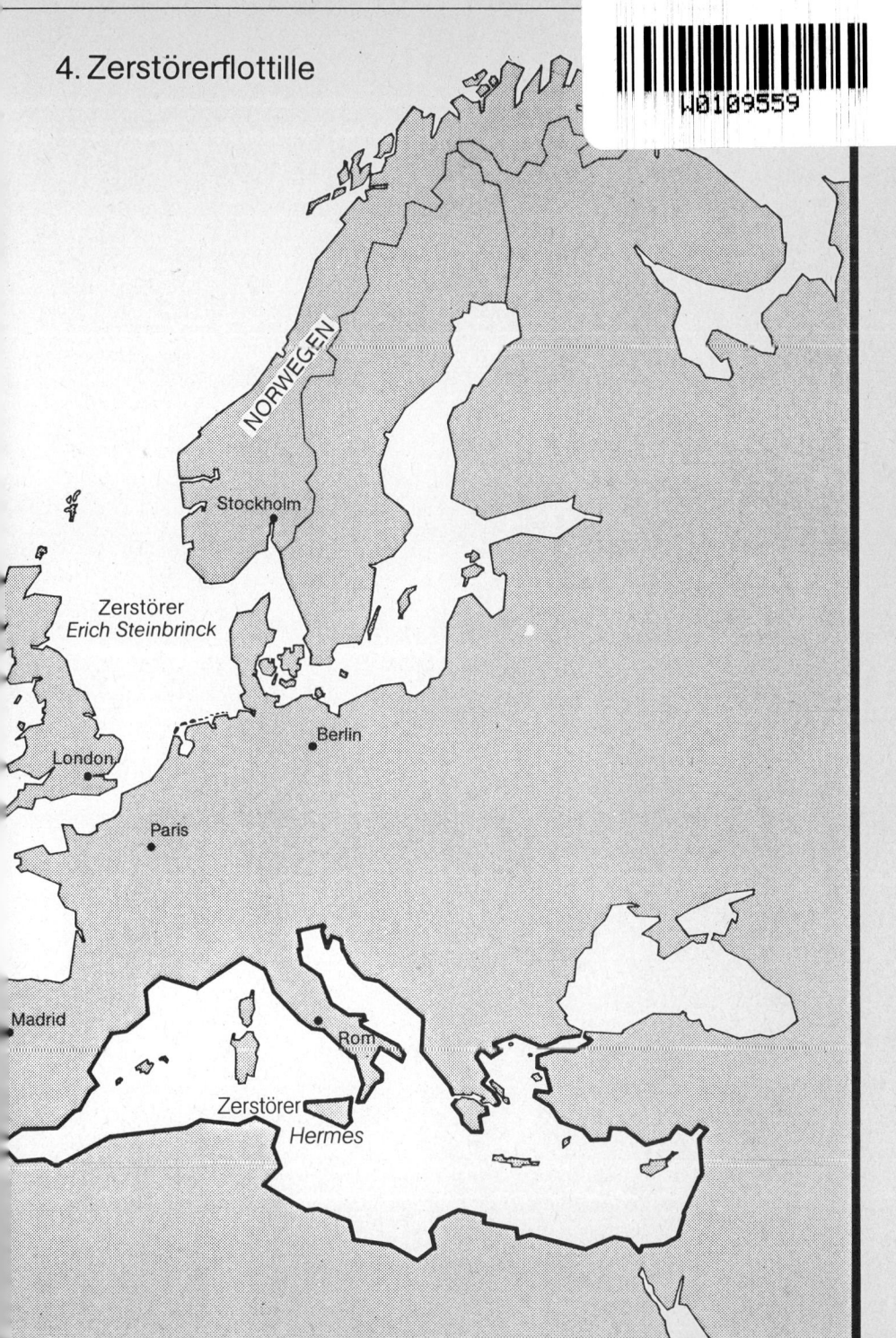

NORWEGEN

Stockholm

Zerstörer
Erich Steinbrinck

London

Berlin

Paris

Madrid

Rom

Zerstörer
Hermes

Johannesson · **Offizier in kritischer Zeit**

Seid überzeugt,
das Geheimnis des Glücks
ist die Freiheit.
Das Geheimnis der Freiheit
aber ist der Mut.

Perikles
griechischer Staatsmann
Athen, 430 vor Christus

Inhalt

Geleitwort

Es ist keineswegs einfach, das »Bild des Offiziers« als Erziehungs- und Ausbildungsziel im heutigen Alltag, in einer sich schnell verändernden Gesellschaft und in einer ganz auf das Ziel der Friedensbewahrung ausgerichteten Bundeswehr deutlich und verständlich zu machen.

Nachdem ich — ohne sie auch nur ein einziges Mal aus der Hand zu legen — die Erinnerungen von Konteradmiral Johannesson gelesen hatte, war mir klar, daß ich nunmehr alles daran setzen mußte, um den Autor für eine Veröffentlichung zu gewinnen.

Das »Bild des Offiziers« ist uns in abstrakter Beschreibung ja durchaus vorgegeben; auch gibt es in der Praxis der Menschenführung nach wie vor kein besseres Erziehungsmittel als das erlebte Vorbild — jenen Vorgesetzten also, der das »Bild« im Alltag mit Leben erfüllt. Admiral Johannesson hat als erster »Befehlshaber der Flotte« unserer Bundesmarine die heute in der Verantwortung stehenden Marineoffiziere durch sein Vorbild mitgeprägt. Seine Erinnerungen sind daher meines Erachtens in besonderer Weise geeignet, Forderungen an einen Offizier durch praktische Beispiele zu verdeutlichen und zu untermauern. Sie beschreiben einen gebildeten Offizier mit klarer ethischer Bindung, einen Mann, für den unkritischer Gehorsam zu den Todsünden unseres Berufes gehört. Sie zeichnen das Bild des Menschenführers, ein Beispiel in Haltung und Tat, mutig, sich selbst und anderen Zivilcourage als unverzichtbare Tugend abverlangend, einen Fachmann und Könner, dessen seemännisches und operativ-taktisches Handeln auch in Grenzsituationen des Krieges beispielhaft war. Es wird aber auch ein Offizier erkennbar, der in geradezu schonungsloser Selbstkritik seine und seiner Generation »Einordnung« in der Zeit des Nationalsozialismus aufzuarbeiten und zu verarbeiten bemüht ist — »weil er mitgemacht hat«.

Admiral Johannesson ist immer ein politisch denkender Offizier gewesen, bestimmt sowohl durch Patriotismus als auch durch die Verpflichtung *zur* Geschichte und durch die Verantwortung *vor* der Geschichte seines Volkes. Seine Distanz zum Nationalsozialismus, schließlich seine offen gezeigte Opposition waren gewiß nicht selbstverständlich in jener Zeit. Um so deutlicher wird, wie schwer es für den einzelnen war, sich bis zum aktiven Widerstand durchzuringen. Selbst die außergewöhnlich starke Persönlichkeit Johannessons hat diesen letzten Schritt nicht getan — bis heute von ihm als eine Last empfunden, von der er weiß, daß er sie nicht mehr loswerden kann.

So schuf Admiral Johannesson als erster »Befehlshaber der Flotte« unserer noch ganz jungen Bundesmarine in eigentlich selbstverständlicher Konsequenz aus Überzeugung und Erfahrung ein Forum, das die Marineoffiziere dazu anhalten, gegebenenfalls dazu zwingen soll, sich ständig auch mit der Geschichte zu befassen, um die politischen und strategischen Fragen der Zukunft bewältigen zu können.

Diese sogenannte »Historisch-Taktische Tagung«, durchgeführt *von* und in erster Linie auch *für* die Offiziere der Flotte, hat inzwischen achtundzwanzigmal stattgefunden; der Name des »Gründungsvaters« wird mit dieser einmaligen Einrichtung immer verbunden bleiben.

Ich wünsche mir, daß das »Bild des Offiziers«, wie es in diesem Buch beispielhaft erkennbar wird, viele junge Menschen zu überzeugen vermag und ihnen Hilfe, aber auch Ansporn sein kann, sich jenem, bereits von Perikles überlieferten Leitgedanken der nachfolgenden Lebenserinnerungen zu stellen:

»Seid überzeugt, das Geheimnis des Glücks ist die Freiheit. Das Geheimnis der Freiheit aber ist der Mut.«

Ich danke Herrn Admiral Johannesson für die Bereitschaft, uns seine Erinnerungen durch diese Veröffentlichung zu erhalten.

Hans Joachim Mann
Vizeadmiral
Inspekteur der Marine

Vorwort des Herausgebers

»Es ist weltkundig, daß dieser Staat einzig und allein auf die Schiffahrt und die Commercien fundiret ist«. Dieser Satz aus einem Wirtschaftsgutachten, welches der Große Kurfürst, Friedrich Wilhelm von Brandenburg, im Jahre 1687 erstellen ließ, kann ohne weiteres auf die heutigen maritimen Abhängigkeiten der Bundesrepublik Deutschland übertragen werden.

Das Deutsche Marine Institut will die vitalen maritimen Elemente einer nationalen Gesamtstrategie zusammenfassen und verdeutlichen. Die Akzeptanz maritimer Zusammenhänge ist in Deutschland nicht immer selbstverständlich gewesen. Aber: freie, sichere Seeverbindungslinien sind von der Wohlfahrt unseres Staates, von Wirtschafts- und Außenpolitik, von Sicherheits- und Verteidigungspolitik nicht zu trennen. Hierin liegt die existentielle Begründung für deutsche Seestreitkräfte. Die Marine trägt so dazu bei, die Souveränität und Handlungsfähigkeit der Bundesrepublik politisch zu erhalten.

Das Deutsche Marine Institut versucht, maritime Abhängigkeiten auch aus geschichtlicher Perspektive in der Öffentlichkeit zu verdeutlichen und hat dazu eine Reihe von Büchern herausgegeben.

Die Veröffentlichung der Erinnerungen des Konteradmirals Johannesson, des ersten Befehlshabers der Flotte dieser Bundesmarine, ordnet sich hier ein. Das mag auf den ersten Blick nicht erkennbar sein, doch geht das vorliegende Buch über den Anspruch persönlicher Erinnerungen eines Zeitzeugen hinaus. Es ist der kritisch denkende und handelnde Offizier, der im Mittelpunkt geschichtlicher Phasen steht, die von zwei Weltkriegen und dem Wechsel von der Kaiserlichen Marine über die Reichsmarine und Kriegsmarine bis hin zur Bundesmarine reichen. Dabei liegt der besondere Schwerpunkt in der offenen, nichts beschönigenden Auseinandersetzung mit dem Nationalsozialismus und der hiervon nicht zu trennenden Person des Oberbefehlshabers der Kriegsmarine, Großadmiral Dönitz.

Besonderer Dank gilt dem Militärgeschichtlichen Forschungsamt, Freiburg, ohne dessen Unterstützung die Herausgabe nicht möglich gewesen wäre, und allen Mitgliedern des Deutschen Marine Instituts, die tatkräftig an der Herausgabe des Buches mitgewirkt haben.

Christian Giermann
Flottillenadmiral
Vorsitzender des Deutschen Marine Instituts

Vorwort des Autors

Als ich wegen eines Beinbruches 1984 eine längere Zwangspause einlegen mußte, diktierte ich aus dem Gedächtnis meine »Marineerinnerungen 1918 bis 1983«. Diesen stellte ich als Vorbemerkung voran: »Dieses Manuskript meiner Marineerinnerungen ist sehr persönlicher Natur, was vielleicht seinen Wert ausmacht. Eine Veröffentlichung ist von mir nicht beabsichtigt. — Ich hoffe, Ciceros Mahnung entsprochen zu haben, nur die Wahrheit zu sagen, aber auch keine Wahrheit zu unterdrücken. Mit der Aufnahme in einige Archive der Bundesmarine sind meine Erinnerungen interessierten Offizieren zugänglich.«

Auf die Reaktion vieler Freunde und Bekannten hin, vor allem aber, weil der Inspekteur der Marine, Vizeadmiral Mann, mich darum bat, befreundete ich mich mit dem Gedanken, meine Erinnerungen, entgegen meinem ursprünglichen Willen, doch einer größeren Leserschaft zugänglich zu machen. In der inzwischen verflossenen Zeit erhielt ich viel Zuarbeit und Unterstützung durch Herren des Militärgeschichtlichen Forschungsamtes und des Deutschen Marine Instituts. Ohne deren Mithilfe hätten meine »Marineerinnerungen« nicht die vorliegende Form annehmen können. Allerdings ging dabei der persönliche Charakter der Urfassung etwas verloren. — Trotz aller Hilfe aber verantworte ich allein Inhalt und Stil meines Buches; dies gilt insbesondere für manche kritische Bemerkung sowohl über die Persönlichkeiten als auch über Ereignisse.

Hamburg, im Herbst 1988   *Rolf Johannesson*
                                                  Konteradmiral a. D.

Feierabend

Mit das Schönste im Leben ist der häusliche Feierabend nach einem sinnvoll ausgefüllten Arbeitstage. Auch der Feierabend eines ganzen Lebens hat seinen Reiz. Am 27. September 1983 beendete ich meinen Dienst als Bundesbeauftragter beim Seeamt Hamburg mit einem harmonischen Empfang von Kapitänen, Lotsen, Rechtsanwälten und Beamten von Behörden, mit denen ich gearbeitet hatte. Dazu kamen Marinefreunde und gute Bekannte.
Feierabend! Irgendwo las ich: »Ich tue nichts. Das stimmt. Aber ich *sehe* die Stunden vergehen, was vielleicht besser ist, als der Versuch, sie auszufüllen.« So mein Vorsatz.
Ich erinnere mich. Die Paraden in den farbenfrohen Friedensuniformen auf dem Berliner Tempelhofer Feld vor dem Kaiser auf prächtigem Pferd. — Sarajevo, dann Krieg; Seekadett; Revolution, Baltikum. — Die hoffnungsvollen Aufbaujahre in der Reichsmarine. — Wieder Krieg, der zweite Krieg mit seinem Ende. — Die Wiedergeburt der Flotte unter meiner, ausgerechnet meiner Führung. Schließlich mehr als 18 Jahre nüchternes, fachlich ergiebiges Seeamt.
In meinem Beruf war ich glücklich, ich habe ihn geliebt. Habe ich das Äußerste, was in meiner Lage möglich war, getan? Zumal in den entscheidenden Jahren des Dritten Reiches?
Ich werde versuchen, jede nachträgliche Selbstanklage, jede nachträgliche Selbstrechtfertigung zu vermeiden. Als Berufssoldat werde ich dem Kriege einen breiteren Raum widmen, zumal hier etwas Typisches, das rein Individuelle meines Lebens Sprengende zum Ausdruck kommt, das Dilemma zwischen Patriotismus und Nationalsozialismus.
Ich horche in mich hinein. Ich schlage Golo Mann auf:
»Ich weiß nicht, ob ich zu sehr viel Lebensfreude überhaupt bestimmt bin. Aber ich weiß, daß das Maß der Lebensfreude, das ich je besaß, durch die Erfahrung der dreißiger und vierziger Jahre, vor allem durch den Judenmord, sehr stark reduziert wurde und reduziert bleiben wird. Durch andere grausame Irrsinnstaten, auch solche, die nicht von Deutschen vollbracht wurden. Diese Hypothek werde ich nicht mehr los... Trauer wird immer mit uns sein, und Furcht vor einem neuen Ausbruch des Vulkans auch. Wo das möglich war, wird immer alles möglich sein.«

Ein tieferes Sinnen über mein zerklüftetes Leben in einem zerklüfteten Jahrhundert: fünfundsiebzig Jahre nach Bismarcks Reichsgründung — nur eines Menschen Zeit —, einunddreißig Jahre nach der Schlacht an der Marne, zwölf Jahre nach der Ernennung Hitlers zum Reichskanzler, fünf Jahre nach dem strahlenden Sieg über Frankreich geht das Reich unter. Finis Germaniae — wie ich es im September 1939 vorausgesehen hatte.

Der deutsche Botschafter in Moskau, Graf Brockdorff-Rantzau, hatte auf seinem Totenbett 1928 seinen Zwillingsbruder gebeten, dem Reichspräsidenten v. Hindenburg zu übermitteln: »Sein einziger Wunsch sei stets gewesen, daran mitzuarbeiten, das deutsche Volk auf die Höhe zu bringen, die ihm gebühre. Es sei ihm ein tiefer Schmerz, nicht das durch seine Mitarbeit erreicht zu haben, was er bei der Übernahme des Postens in Moskau erhofft und erstrebt habe.« Das gilt in kleinerem Maßstab auch für mich. Dankbar darf ich feststellen, daß 1945 für mich kein Abschluß, sondern daß es mir beschieden war, noch Jahre des Aufbauens und Wirkens in bescheidenen, mir gemäßen und mich befriedigenden Grenzen mitmachen zu dürfen. —

Am Abend meines Lebens sehe ich immer wieder:
den Lorbeer ruhmreichen deutschen Soldatentums und das heldenhafte Ertragen und Erleiden des Bombenkrieges durch die Bevölkerung und deren Flucht und Vertreibung.

In Ehrfurcht still
stehen darüber die Sterne,
darunter die Gräber. (Goethe)

Anfang in der Kaiserlichen Marine und schnelles Ende 1918 bis 1919

Marineschule

1916: 16 Jahre alt. Ich sehe mich noch heute den skeptischen Augen des Militärarztes gegenüber bei der Marine-Tauglichkeitsuntersuchung. Alles war ziemlich miserabel. Gewicht, Brustkorb, dünnknochige Arme, die für das Laden schwerer 15 cm-Geschosse und das Bewegen der schweren, eichenen Riemen eines Kriegsschiffkutters wenig geeignet waren. Aber dann die Füße: typische Marinefüße für das ewige Stehen an Bord bei Schlingern und Stampfen im Seegang. Ergebnis: »Marinetauglich«. Und meinem Entschluß, ein Seeheld zu werden, stand nichts mehr im Wege.

Meine Kindheit fiel in die Zeit der Flottenbegeisterung tirpitzscher Prägung. Daß ich Soldat wurde, stand immer außer Zweifel. Mein Vater war Studiendirektor an der Hauptkadettenanstalt in Lichterfelde, dem Haupterziehungsinstitut des preußischen Offizierkorps seit dem Soldatenkönig. — Die Kadettenanstalten waren gedacht für die Söhne von Landwirten, für die Söhne von oft von Standort zu Standort versetzten Offizieren und die von Offizierswitwen mit kärglichen Pensionen. Wo diese Voraussetzungen nicht vorlagen, wie bei mir, waren die normalen Schulen vorzuziehen. Wir drei Brüder besuchten dann auch die guten Lichterfelder Gymnasien. Löblich war zweifellos die spartanische Erziehung zur Bedürfnislosigkeit, zur Härte und zur Kameradschaft. Aber um welchen Preis? Die Uniform in jungen Jahren brachte mit sich die Uniformierung des Urteilsvermögens, die Scheuklappen gegenüber der Vielfalt menschlicher Existenz. Friedrich Meinecke über höhere Berufsoffiziere: »Es fehlte diesen Technikern des Krieges das volle Verständnis für das Ganze des geschichtlichen Lebens. Deshalb konnten sie verhängnisvolle Irrtümer in der Einschätzung solcher Dinge begehen, die außerhalb des technisch-militärisch Faßbaren lagen.« Es war im Kadettenkorps sogar möglich, bei guten militärischen, aber mangelhaften wissenschaftlichen Leistungen auf Befehl des Kommandeurs versetzt zu werden. Man sagt, hier habe man gelernt, später tapfer und schweigend sterben zu können. Das haben die Kadetten im Ersten Weltkrieg bewiesen. Das ist alle Achtung wert. Aber es genügt nicht.
Das Verhalten der Generalität und Admiralität bei Hitler hat hier, meine ich, eine seiner Wurzeln. Es ist zweifellos kein Zufall, daß sich bei den Männern des Widerstandes am 20. Juli 1944 meines Wissens nur ein Korpskadett befand, Generalfeld-

marschall v. Witzleben. Generalfeldmarschall v. Manstein, wohl der fähigste Führer im Zweiten Weltkrieg, mit zehn Jahren Korpskadett, qualifizierte die Tat des 20. Juli trotz seiner durchaus massiven Kritik an Hitler als eines Offiziers nicht würdig. Dies bestätigt Bismarcks erschütternde, aber doch wohl richtige Bemerkung: »Wir züchten das Offiziermaterial bis hin zum Regimentskommandeur in einer Vollkommenheit, wie kein anderer Staat, aber darüber hinaus war das eingeborene preußische Blut nicht mehr fruchtbar an Begabung.«

Aber ich glaube mich zu erinnern, daß mein Entschluß, zur See zu gehen, auch auf dem Vorsatz beruhte, mich Stürmen gewachsen zu zeigen. (Joseph Conrad: »Die See weiß von keiner Großmut.«) Wahrscheinlich spielte die blaue Uniform mit den goldenen Streifen mit. Das Meer kannte ich von einigen Sommerferien in dem kleinen Fischerdorf Heidebrek bei Dievenow in der Pommerschen Bucht. Das erste Kriegsschiff sah ich von der Hochbrücke aus auf dem Kaiser-Wilhelm-Kanal bei Rendsburg auf dem Wege zur Einstellung in Mürwik. Das Museum für Meereskunde in Berlin allerdings kannte ich wie meine Hosentasche. Auch hatte ich als Sekundaner im Französischen Gymnasium an einem Navigationskursus teilgenommen und mir als Kind eine kleine Sternwarte auf unserem Trockenboden installiert, kannte Dreieck, Zirkel, Koppeltafel.

Obwohl mein Vater in militärischen Kreisen nicht unbekannt war, mußte ich in meiner Bewerbung zwei Bürgen nennen.

Wir mußten als Abiturienten nur eine ziemlich leichte Prüfung über uns ergehen lassen, darunter aber auch ein Sprung ins Wasser vom 10-m-Brett. Danach trat ich am 1. Juli 1918 als kaiserlicher Seekadett in die Marine ein, zusammen mit meinem Lichterfelder Jugendfreund Eberhard Hamann. Hier schloß ich Freundschaften fürs ganze Leben: Eberhard Godt, Friedrich Kothe, Alfred Schemmel, Hermann Kandeler, Hans Henigst.

Die Mürwiker Marineschule hoch über der Flensburger Förde hat nichts ihresgleichen und dient noch heute der Bundesmarine. Das Einlaufen des Schulschiffes *Hertha* in die Flensburger Förde war ein mir unvergeßlicher Anblick. In meiner Erinnerung steht auch lebhaft die Vereidigung auf Kaiser Wilhelm II. mit der Hand auf unserer alten Kriegsflagge, der schönsten Flagge der Welt. 200 Kadetten, in zwei Kompanien gegliedert, jede zu drei Zügen und der Größe nach. Ich war ziemlich klein, stand im 2. Glied der 2. Rotte des 3. Zuges. Wer kann sich meinen Stolz ausmalen, als ich nach einigen Tagen Infanteriedienst meinen Platz mit dem rechten Flügelmann tauschen mußte? Auf den Flügelmann kam es an. Richtung, Fühlung, Vordermann. Dies war ein großer Triumph. Auch wurde ich bald Schlagmann im Kutter mit dem Vorteil des kürzeren Riemens, eine Folge der vorzüglichen Ausbildung in unserem Schülerruderverein am Wannsee.

Auf diesen drei Sommermonaten des (letzten) Kriegsjahres 1918 lag — so schwer sie waren — ein Zauber, noch heute lebendig nach 70 Jahren: das helle nordische Licht, die blaue Förde, die weiße *Hertha*, die grünen Buchenwälder, der rote, prächtige Backsteinbau der Marineschule, der jugendliche Eifer, das Beste zu leisten. Und der Kommandeur, der von uns bewunderte, ruhmreiche Kommandant des Großen Kreuzers *Seydlitz* in der Skagerrakschlacht, Kapitän zur See v. Egidy. Eine heitere Erinnerung: Ich war eines schönen Abends in meiner Stube Seekadett vom Dienst. Die Ronde ging ein Fähnrich zur See, also etwa in meinem Alter. »Seekadett, was lesen Sie da?« »Goethe, Herr Fähnrich«. »Goethe liest man in der Marine nicht«, und er knallte meinen Band krachend auf den Tisch.

Abschließend ein Heimaturlaub bis zum 8. Oktober. Jahre später erinnerte sich meine Mutter immer wieder an den Anblick ihres Sohnes mit seinem Freunde Hamann, beide in der schmucken Matrosen-Uniform mit wehenden Mützenbändern SMS *Schlesien*, schlank und rank und übermütig, gerade 18jährig. Auf dem Ärmel die goldene Kaiserkrone. Und mit welchem Stolz betrat ich die elterliche, geräumige Dienstwohnung im Direktionsgebäude. Vorn das Vestibül mit den Standbildern des Großen Kurfürsten, Friedrich Wilhelm I., Friedrichs des Großen, Kaiser Wilhelm I. Zur Gartenseite Zieten, Husarengeneral im Siebenjährigen Krieg. Und ich ging auf das Dach zu meiner Sternwarte, nachdem sich alles so gut angelassen hatte.

Linienschiff SMS *Schlesien*

Bei scheußlichem Herbstwetter fanden wir uns in Kiel ein, um von der Bahnhofsbrücke aus mit einem Schlepper auf die an der Boje A 12 liegende *Schlesien* eingeschifft zu werden. Ein harter Wechsel von der Marineschule zum eisernen Batteriedeck eines alten Linienschiffes: Wir lagen sehr eng, die Hängematten in zwei oder drei Schichten übereinander, die schmalen Backen und Bänke, die an der Decke gehaltert und zu den Mahlzeiten runtergeschlagen wurden. Das Erfreulichste waren meine Vorgesetzten, die Offiziere und die Bootsmaate. Mein Divisionsoffizier war Leutnant zur See Graf v. Bentinck, bei dessen Familie der Kaiser nach seiner Flucht nach Holland zunächst Aufnahme fand.

Allerdings war ich etwas erstaunt über die Trennung von Kadetten und übriger Besatzung. In der Armee mußte jeder Fahnenjunker — auch wenn er Reichsgraf war — einige Zeit in der Mannschaftsstube wohnen. Dies wußte ich von meinem

Bruder, der Leutnant in dem vornehmen Regiment der 8. Leibgrenadiere in Frankfurt an der Oder war, in dem seinerzeit auch Generalfeldmarschall v. Moltke als Sekondelieutenant gestanden hatte. So lernte er seine späteren Untergebenen als Gleichgestellte kennen. Wir dagegen durften als Seekadett der Wache — und sei es in der nicht enden wollenden Mittelwache — keine Privatgespräche mit dem »Läufer Deck« führen.

Als mein älterer Bruder seinen achtzehnten Geburtstag feierte, lag hinter ihm: das Notabitur auf dem Schillergymnasium in Lichterfelde, die erste Verwundung am Bein beim Sturm auf Douaumont, die zweite Verwundung am Kopf beim Sturm auf Vaux — beides Forts von Verdun —, das Eiserne Kreuz II. Klasse, die Beförderung zum Leutnant. Am 19. November 1941 verbrannte er in einem Holzhaus rund 60 km vor Moskau als Major der Luftwaffe der Reserve.

Wir machten kurze Übungsfahrten in der Kieler Bucht. Aber das alles überschattende Erlebnis war die Revolution. Ein Erlebnis, das ich niemals ganz überwunden habe. Deswegen will ich auf dieses Geschehen etwas ausführlicher eingehen und beschreibe nun die Fahrt unserer *Schlesien:*

Am frühen Morgen des 4. November 1918 sahen wir vor Holtenau die Schlachtschiffe des III. Geschwaders. Auf Befehl des Chefs der Hochseeflotte waren sie von Wilhelmshaven nach Kiel beordert worden, nachdem der Befehl zum Ankerlichten und Auslaufen zu einem Flottenvorstoß in den Ärmelkanal von einigen Schiffen nicht befolgt worden war. Die Revolution kündigte sich an.

Im Kieler Hafen setzte der größere Teil der Schiffe bei der Flaggenparade die rote Flagge. Diesem Beispiel folgten bald sämtliche Einheiten. Unser Kommandant ließ beschleunigt Dampf aufmachen, um aus Kiel auszulaufen.

Die militärische Lage sah Anfang November 1918 wie folgt aus:

Das Heer zog sich tapfer kämpfend Schritt um Schritt zurück, alle Versuche der weit überlegenen Alliierten — insbesondere der Massen der frischen amerikanischen Truppen — vereitelnd, mit einem Durchbruch oder einer Umfassung zu einem operativen Erfolg zu kommen.

Bei der Marine hatte Admiral Scheer am 11. August 1918 die Hochseeflotte an Admiral Ritter v. Hipper übergeben. Dieser wurde Chef der neu geschaffenen Seekriegsleitung. Diese war anfänglich bestrebt, den U-Boot-Handelskrieg in verstärkter Form fortzusetzen. Doch mußte sie seit der im Großen Hauptquartier Ende September 1918 infolge der Aufnahme der Waffenstillstandsverhandlungen vollzogenen Schwenkung der deutschen Kriegspolitik mit der Einstellung des U-Boot-Krieges rechnen. Damit wurde die Hochseeflotte von ihren bisherigen Aufgaben der Sicherung der U-Boot-Basen entbunden. Sie stand für eigene Operationen wieder zur Verfügung. Flottenkommando und Seekriegsleitung entschieden sich für einen Vorstoß der Hochseeflotte in den Ärmelkanal, um der schwerringenden Westfront Entlastung zu bringen. Bei einem nur unter bestimmten Vorbedingungen anzunehmenden Gefecht mit der britischen Flotte sah der Operationsplan zahlreiche Vorkehrungen für die sichere Rückkehr der Hochseeflotte in die Heimathäfen vor.

Seit dem 22. Oktober 1918 lagen die für den Flottenvorstoß verfügbaren Geschwader und Verbände der Hochseeflotte auf Schillig Reede vor Wilhelmshaven. Als der Flottenchef Admiral v. Hipper am 29. Oktober 1918 den Einsatzbefehl für das Auslaufen zum Flottenvorstoß für den folgenden Tag erteilte, kam es auf einigen Schiffen zu Dienstverweigerungen, Zusammenrottungen und auch Meutereien. Noch in der Nacht entschloß sich der Flottenchef wegen der hierdurch stark geschwächten Kampfkraft seiner Schiffe zur Aufgabe der Operation. Er entließ die einzelnen Geschwader in ihre Stützpunkte, das kampfkräftigste III. Geschwader nach Kiel. Hier lief es in der Nacht vom 31. Oktober zum 1. November ein und ging in der Wiker Bucht vor Anker. Wir auf der *Schlesien* wurden Zeugen, als das Geschwader am 4. November unter beschämenden Umständen — die Anker wurden von Offizieren und Fähnrichen gelichtet — in die Lübecker Bucht auslief. Auf der *Schlesien* wurde für den nächsten Morgen, den 5. November, seeklar befohlen.

Als wir nach dem Frühstück an Deck gingen, sahen wir gegen 7.30 Uhr auf den Schiffen ringsherum rote Flaggen: auf dem Woermann-Dampfer *Kigoma,* dem Kleinen Kreuzer *Kolberg*, dem Großen Kreuzer *Roon*, dem Linienschiff *Westfalen* und dem Großen Kreuzer *Kaiserin Augusta*. Auf letzterem hing abwechselnd die kaiserliche Kriegsflagge und die revolutonäre rote Flagge. Schließlich blieb die rote wehen. Der Fähnrichlehrgang an Bord hatte sich vergeblich dagegen gesträubt. Lediglich an Bord des Linienschiffes *König*, das sich im Dock befand, kam es zu einem blutigen Zusammenstoß, als der Kommandant mit seinen Offizieren die Kriegsflagge verteidigte. Zwei Offiziere wurden tödlich verletzt. Der ebenfalls schwer verwundete Kommandant erschoß einen Obermatrosen, der versucht hatte, die Flagge niederzuholen.

Unser Kommandant, Fregattenkapitän v. Waldeyer-Hartz, ließ forciert Dampf aufmachen, und wir warfen bereits um 8.15 Uhr los, Kurs Friedrichsort. Die Geschütze der *Kaiserin Augusta* waren auf uns gerichtet, ihre Besatzung drohte uns beim Passieren. Die Trossensperre von Friedrichsort fanden wir gerade noch offen; eine hinter uns heranbrausende Werftbarkasse kam zur Schließung zu spät. Wären wir fünf Minuten später ausgelaufen, hätten wir in der Falle gesessen.

Unsere Beiboote konnten erst hinter Friedrichsort eingesetzt werden. Hier kam auch *U 126* längsseits und bat um Abgabe von Wasser. In dieser Zeit erhielten wir Morsesprüche von den Forts Friedrichsort und Stein mit der Order des Soldatenrats, sofort kehrtzumachen und wieder einzulaufen.

Um 10.20 Uhr waren Kurs und Fahrt aufgenommen, nachdem wir mittlerweile in sechs Kesseln Dampf hatten. Es gärte und brodelte in der Besatzung. Ein Ansturm der Matrosen auf die Heizräume wurde von den Heizern abgewehrt.

Der Kommandant ließ einen Ausschuß von zehn Mann zu sich kommen, um die Lage zu erörtern. Man kam überein, zunächst bis 14 Uhr weiterzufahren, in der Geltinger Bucht zu ankern und die Lage abzuwarten. Einer Forderung der aufsässigen Leute, nach Kiel umzukehren, begegnete der Kommandant mit dem Versprechen, zehn Mann mit der Bahn von Flensburg nach Kiel zu schicken. Daraufhin gingen wir Anker auf und passierten Holnis Enge bei Windstärke 7. Vor Glücksburg standen die beiden Kleinen Kreuzer *Bremen* und *Regensburg* mit der kaiserlichen Kriegsflagge. Gegen 17.30 Uhr ankerten wir vor der Marineschule; ihr charakteristischer Turm war bei diesigem Wetter deutlich erkennbar.

An diesem Tag herrschte in Kiel ein »kopfloses Durcheinander«, wie es der Reichstagsabgeordnete der Mehrheitssozialisten, Gustav Noske, ausdrückte. Dieser war als Vertrauensmann der Reichsregierung am Abend zuvor in Kiel eingetroffen und ließ sich am 5. November zum Vorsitzenden des Kieler Soldatenrats wählen. Diesen Vorsitz gab er bereits am 7. November wieder ab, als er auf Grund eines einstimmigen Beschlusses des Soldatenrats das Amt des Gouverneurs von Kiel — und damit auch die Aufgaben des Chefs der Marinestation der Ostsee — von Admiral Souchon übernommen hatte. Die folgenden Tage waren voller Ereignisse und Spannungen:

Mittwoch, 6. November

Wir lagen vor Mürwik vor Anker. In der Nacht war die *Schlesien* dem Chef der Hochseeflotte unterstellt worden mit der Anweisung, Schiffe mit roter Flagge als feindliche zu behandeln. Der Kommandant war der Ansicht, daß diese Anweisung undurchführbar sei, da die Besatzung nicht gehorcht hätte. Am Morgen setzten wir um 7.50 Uhr im Laufe einer Musterung wieder die Kriegsflagge. Im übrigen verging der Tag mit Besprechungen des Kommandanten mit dem Standortältesten in Mürwik, dem Kommandanten der Panzerkorvette *Württemberg* und anderen Offizieren. Offensichtlich verschärfte sich die Lage in Flensburg, und Kapitän zur See v. Egidy kehrte an Bord zurück. In diese undurchsichtige Lage platzte um 21.00 Uhr eine Nachricht, die ich aus dem Kriegstagebuch der *Schlesien* zitieren möchte:

»**Kriegstagebuch 6. XI. 21.00 Uhr**
Ältester Seeoffizier Mürwik schickt Lt.z.S. Frielinghaus mit nachstehender, als völlig verbürgt bezeichneter Nachricht:
Das Auslaufen der *Schlesien* habe Kieler Soldatenrat in höchstem Maße gereizt, so daß Befehl ergangen sei, das Schiff noch in dieser Nacht durch Torpedoboote versenken zu

lassen. Bei dem Soldatenrat bestehe der Glaube, Prinz Heinrich und Prinz Adalbert würden auf *Schlesien* versteckt gehalten.

Der Kommandant schrieb in seinem Bericht, daß sich ihm vier Möglichkeiten angeboten hätten:

a) Die rote Flagge zu setzen, hiervon funktelegraphisch dem Kieler Soldatenrat Kenntnis zu geben und damit das Schiff auszuliefern.

b) Das Schiff zur Vermeidung des Sinkens — es lag auf 17-m Wasser — auf geringer Wassertiefe auf Grund zu setzen, um den Verlust des Schiffes zu vermeiden.

c) Den erwarteten Angriff abzuwehren. Hierfür standen nur vier 8,8 cm Geschütze zur Verfügung.

d) Auszulaufen und den Versuch zu machen, dem erwarteten Angriff aus dem Wege zu gehen.«

Nach einer Aufklärungsmeldung sollte das Linienschiff *Bayern* vor der Flensburger Förde stehen.

In einer Besprechung der älteren Offiziere schlug Oberleutnant zur See Aschmann dem Kommandanten vor, die unzuverlässigen Leute auszuschiffen und mit dem Rest der Besatzung auszulaufen. Und so geschah es.

Wir alle werden die nun folgenden Stunden nicht vergessen. Um 22.00 Uhr wurde Alarm angeschlagen. Beim Licht der Scheinwerfer machten wir seeklar, Schotten dicht und klar zum Gefecht. Zur selben Zeit ging der größte Teil der Besatzung in die längsseits liegenden Schlepper unter Mitnahme der Privatsachen und des Diebesgutes aus den Schiffsbeständen. Selbst im Friseurladen wurde eingebrochen und die Beute geteilt.

Es blieben:

16 Offiziere	
13 Deckoffiziere	(3 Obermaschinisten,
	8 Maschinisten,
	1 Steuermann, 1 Stückmeister)
44 Unteroffiziere,	(darunter 1 Maschinenmaat)
202 Seekadetten,	
42 Matrosen,	
9 Heizer	

326 von etwa 741 blieben, ca. 415 stiegen also aus, interessant: alle Maschinenmaate mit einer einzigen Ausnahme.

Während des Seeklarmachens breitete sich in Windeseile die Nachricht aus, daß der übermüdete Kommandant den Niedergang von der Kommandobrücke heruntergestürzt sei und sich beide Arme gebrochen habe. Die *Schlesien* lief unter Führung des stellvertretenden Ersten Offiziers, Kapitänleutnant Dau, aus, passierte die navigatorisch schwierige Enge von Holnis und marschierte auf flachem Wasser in Richtung auf das neutrale Dänemark. Pinass und Kutter wurden nicht mehr an Bord genommen. Sie waren die Ursache für die Gerüchte und Zeitungsmeldungen, daß die *Schlesien* von zwei deutschen Panzerkreuzern mit roter Flagge torpediert und mit Mann und Maus versenkt worden sei.

Dieser Nachtmarsch mit abgeblendetem Schiff und der Möglichkeit, in jedem Augenblick auf einen Angriff der Roten zu stoßen, denen wir mit unseren vier 8,8 cm Geschützen in jedem Fall unterlegen gewesen wären, war wohl der Höhepunkt unserer *Schlesien*-Fahrt. Drei Divisionen Seekadetten waren jetzt im Kessel und im Maschinenraum, während eine an den Geschützen, an den Scheinwerfern, auf der Brücke und an Deck verteilt war. Der Kommandant schreibt hierüber in seinem Bericht:

»Ich übertreibe nicht, wenn ich angebe, daß wir alle mehr oder minder mit dem Leben abgeschlossen hatten.«

Gegen 8.15 Uhr am Donnerstag früh fiel auf Marstal-Reede der Anker.

Donnerstag, 7. November

Die Revolution breitete sich indessen bis nach Hannover, Köln, München, am nächsten Tage nach Frankfurt und Stuttgart aus. In Kiel selbst gelang es Noske, das Schlimmste zu verhüten und allmählich eine gewisse Autorität zu gewinnen. In Berlin fanden pausenlos Besprechungen statt zwischen dem Reichskanzler Prinz Max von Baden, dem Großen Hauptquartier und den Parteispitzen. Konnte man die Monarchie retten, vielleicht mit einem Sohn des Kaisers als Reichsverweser?

Nach dem Ankern fuhr der Kommandant mit der Dampfpinaß an Land. Um eine Internierung nach einem Aufenthalt von 24 Stunden zu vermeiden, teilte er den dänischen Behörden mit, daß er sich infolge Wassermangels in Seenot befinde. Damit war völkerrechtlich ein längerer Aufenthalt möglich geworden.

Um 12.30 Uhr kamen die dänischen Behörden an Bord,

um 16.25 Uhr ankerte der dänische Kreuzer *Heimdal* neben *Schlesien*. Die Funkantenne sollte gefiert werden. Unter Hinweis auf Personalmangel konnte dies vermieden werden,

um 22.30 Uhr Nachricht von *Heimdal*: keine Internierung.

Freitag, 8. November

07.45 Uhr Kreuzer *Heimdal* geht Anker auf und bestätigt noch einmal: keine Internierung.

14.30 Uhr Dampf auf.

16.30 Uhr von Botschaft Kopenhagen:
Admiralstab befiehlt, nach Swinemünde zu gehen.

17.40 Uhr Anker auf.

Nach meiner Erinnerung waren jetzt drei Divisionen für die Maschine abgeteilt, und eine Division blieb im nautischen Dienst. Bei der unsachgemäßen Bedienung der Maschinen und Kessel begannen Rohrleitungen und Ventile zu lecken und riefen schmerzhafte Verbrennungswunden auf unseren nackten Oberkörpern hervor. Das Trimmen der Kohle, das Aufbrechen und Reinigen der Feuer war für uns eine ganz und gar ungewohnte Arbeit und stellte an Willen und körperliche Zähigkeit erhebliche Anforderungen. Vier Stunden vor den Kesseln, vier Stunden Ruhe und wieder hinein in die verschmutzten Takelpäckchen, tags und nachts.

Es ist einmalig, daß ein Linienschiff ohne sein Fachpersonal in See ging. Der Seekadettenoffizier v. Baumbach hat das anschließend geschildert.

»Wenn wir unten im Kesselraum standen und es hieß, wir müssen Druck in die Kessel kriegen, 17 Kilogramm, sonst kann das Schiff nicht fahren. Wir mußten ja auslaufen, wir mußten aus der Enge heraus. Wir kamen auf 12 Kilogramm, dann hieß es, gut, lassen wir die Anker hochgehen. Im selben Augenblick schießt der Dampf herunter auf 7 Kilogramm auf Grund dieser kleinen Belastung. Dann kamen wir schließlich so weit, daß wir ganz langsam genügend Dampf aufmachen und halten konnten. Alle, die vor den Kesseln diese vierzehn Tage durchhielten, waren völlig erledigt. Weniger anstrengend, aber mindestens so gefährlich, war der Dienst in den Hauptmaschinen. Der ganze Raum voller Dampf, ›Hauptventil zu‹. Damit blieb die Maschine sofort stehen, sonst wäre alles zu Bruch gegangen. Und wir waren natürlich auch alle erledigt. Es erscheint unglaublich, ohne einen Maschinisten oder einen Maschinenmaat oder einen Heizer in der Hauptmaschine etwa 500 Meilen zu fahren.«

Während wir also mit äußerster Kraft ostwärts dampften und die Revolution sich weiter ausbreitete, versuchte Reichskanzler Prinz Max v. Baden verzweifelt, zur Rettung der Monarchie den Kaiser zum Rücktritt zu bewegen. Auch Staatssekretär Scheidemann und der Führer der Mehrheitssozialisten, Ebert, hofften, bei einem sofortigen Rücktritt die Massen in der Hand zu behalten.

Sonnabend, 9. November

Um 2.45 Uhr erreichten wir die Gjedser Sperre und passierten sie. Im Morgengrauen trafen wir noch ein Torpedoboot und stoppten um 9.15 Uhr bei Arcona. Der Kommandant verhielt einige Zeit hinter Stubbenkammer, um die für ihn undurchsichtige Lage in Saßnitz abzuwarten.

Schließlich entschied er sich weiterzulaufen und in Saßnitz Erkundigungen über die Entwicklung in Swinemünde einzuziehen. Unerfreuliche Nachrichten über die Lage in Swinemünde ließen ihn in seiner Absicht, in Ausführung des erteilten Befehls dort einzulaufen, nicht schwankend werden.

Wir standen um 19.00 Uhr mit Einbruch der Dunkelheit vor der Ansteuerungstonne, übernahmen den Hafenlotsen und machten schließlich um 21.00 Uhr fest. Dann erhielten wir Kunde von der Abdankung des Kaisers, der Ausrufung der Republik und von den Waffenstillstandsbedingungen, die auf eine Kapitulation hinausliefen. Eine Welt stürzte ein. Ich glaube, es war die dunkelste Stunde unseres Lebens, die niemand, der sie miterlebte, vergessen wird.

Es erscheint angemessen, noch ein persönliches Wort über unseren Kommandanten zu sagen. Auf seinen Schultern allein lag die Last der Verantwortung. Mehrmals faßte er lebenswichtige Entschlüsse — ganz wie in der Zeit der großen Kapitäne der Segelschiffszeit. Er besaß einen sicheren Instinkt für das Mögliche. Alle seine Maßnahmen waren richtig. Heute dürfen wir sagen: Es hat keinen Fehler gemacht. Dies scheint mir in Anbetracht der undurchsichtigen und gefährlichen Lage ein hohes Lob zu sein.

Sein Bericht ist klug und nüchtern, dabei nobel, indem er fremdes Verdienst herausstellt und würdigt, so besonders Aschmanns Rolle in Mürwik und Bootsmannsmaat Schumann als Vertreter eines Teiles der Besatzung. Fregattenkapitän v. Waldeyer-Hartz allein verdanken wir, von der Schmach, von der Prinz Max von Baden sprach, verschont geblieben zu sein. Keiner von uns verrichtete eine Heldentat. Wir taten aber unsere Pflicht unter nicht alltäglichen Bedingungen. Und so ist es nur natürlich, daß dieses gemeinsame, jugendliche Erlebnis der *Schlesien*-Fahrt unsere Crew in besonderer Weise verbindet und wir die Erinnerung an sie heute lebendig werden lassen.

Studium

Am 30. November wurden wir Seekadetten vom Arbeiter- und Soldatenrat entlassen. Nie werde ich den schweren Gang die Treppe hinauf in die elterliche Wohnung vergessen, auf dem Rücken den großen Seesack mit meiner Ausrüstung. Tief traurig, aber nicht mutlos! Tags darauf, am 1. Dezember, ließ ich mich an der Berliner Universität immatrikulieren: Öffentliches Recht, Wirtschaftsrecht, National-Ökonomie. Unvergeßlich die feierliche Immatrikulation durch den Rektor, Prof. Seeberg. Am meisten Eindruck machten mir die Vorlesungen des bekannten Nationalökonomen Prof. Sombart. (Meine Mitschüler, die nicht Soldaten geworden waren, drückten noch die harte Bank der Oberprima). Die meisten Kommilitonen trugen feldgraue Uniformen ohne Abzeichen. Die Atmosphäre in der Universität, dem ehemaligen Palais des Prinzen Heinrich, des Bruders des Alten Fritz, war nüchtern, ernst, kameradschaftliche Schützengrabenluft, ganz unpolitisch. Einmal hielt Ludendorff einen Vortrag. Mittendrin brach er zusammen. Dies berührte mich tief; ich empfand warmes Mitgefühl mit dem Mann, auf dessen Schultern gleich Atlas die Erdkugel gelegen hatte.

Baltikum

Das Wintersemester 1918/19 war von Unruhe erfüllt. Kämpfe um den von der Volksmarinedivision besetzten Marstall, Märsche der regierungstreuen Truppen durch die Straßen Berlins, Ansprachen, Aufrufe, Appelle. Im Rat der Volksbeauftragten unter dem Vorsitz von Reichskanzler Ebert übernahm Ende Dezember 1918 der Volksbeauftragte Noske die Militärangelegenheiten. Ich selbst hatte mich als Zeitfreiwilliger bei den 8. Husaren gemeldet. Als ich erfuhr, daß zum Schutze Ostpreußens gegen die vordringenden Sowjetrussen eine Marine-Sturm-Kompanie aufgestellt wurde, meldete ich mich. Sie bestand aus drei Zügen, der erste Zug Leutnante, der zweite Fähnriche, der dritte Seekadetten. Diesen Entschluß halte ich für den anständigsten in meinem Leben, ein gefahrvolles Unternehmen, ohne soliden Rückhalt, kaum ärztliche Versorgung, keine Rechte, nur Pflichten und Einsatz des Lebens. Immerhin wurde ich auf diese Weise noch Angehöriger des 1. Garde-Reserve-Regiments zu Fuß, bekanntlich das »Erste Regiment der Christenheit«. Weder Ruhm noch Ehre, weder Beförderungen oder andere Vorteile waren zu gewinnen. Ich glaube, heute würde sich kein Mensch bereit finden, aus reinem Idealismus solche Strapazen, solche Unsicherheiten, solche nicht ungefährliche militärische Unternehmungen freiwillig auf sich zu nehmen. Rückschauend kann ich nicht ohne Stolz sagen, daß ich meinen kleinen Teil zur Abwehr der Bolschewisten beigetragen habe.

Zunächst wurden wir in Bernau feldgrau eingekleidet. Der unheimlich schwere Tornister, das Gewehr, der Spaten, die Munition, was mußten wir alles mitschleppen! Wie anders das leichte Zeug der Marine, alles Notwendige in Spinden statt auf dem armen Rücken! Fast bereute ich meinen Entschluß, bis wir nach einer Bahnfahrt in Stettin auf einem Dampfer eingeschifft wurden. Dort nahmen uns in den riesigen Laderäumen eiserne Bettgestelle in vielen Schichten übereinander auf. Das Tröstliche waren die gute Marschverpflegung und die vielen bekannten Gesichter. Mit der großen Aufschrift an der Bordwand *Armistice* fuhren wir die Oder runter über die Ostsee nach Libau. Hier wurden wir ausgeschifft, machten einige Übungsmärsche mit dem ungewohnten, schweren Tornister und kamen dann an die Aa in die Schützengräben.

Die schöne Landschaft Kurlands, die Birken, die Höfe, die hohen Ziehbrunnen, die weißen Wolken am blauen Himmel, das weite, flache, gegliederte Land! — Wir lagen einige Zeit den Bolschewisten gegenüber, bekamen in der Frühe regelmäßig Artilleriefeuer, sahen die Panzer in großer Entfernung, erhielten Maschinengewehrgarben, die links und rechts kleine Erdspritzer aufwarfen. Ich erinnere mich noch heute des befreienden Gefühls der Feuertaufe.

Stalgen, Wainoden sind die einzigen Ortsnamen, an die ich mich erinnere. Aus einem geplünderten Schloß nahm ich mir als Andenken die in Halbleder gebundenen Reden Bismarcks mit, habe sie brav in meinem Tornister mitgeschleppt.

Eine Übersicht über die militärische Lage hatten wir nicht; ich weiß nur soviel, daß wir unsere Stellungen hielten und die Einnahme Rigas durch die Baltische Landeswehr erfuhren, ohne selbst unmittelbar beteiligt gewesen zu sein. Damit war die Gefahr vorüber; es wurden keine neuen Versuche unternommen, die baltischen Provinzen und Ostpreußen zu überrennen. Das Ergebnis der Baltikum-Zeit war das Erlebnis echter, wortloser Kameradschaft. In meinem Zug schlossen sich vier enger zusammen, Eberhard Godt, Hermann Kandeler, ein echter Feldgrauer, Fritze Dau und ich. Wir wurden die Kommunisten genannt, weil wir alles und jedes miteinander teilten. Auch heute hält die Freundschaft mit den ersten beiden an, doch ist Fritze Dau verstorben — in seiner anspruchslosen Art war er mir lieb und teuer.

Nach Erfüllung unserer Aufgaben wurden wir nach Deutschland zurückgezogen zur Überwachung der Abstimmung in Westpreußen und später zur Bewachung von Munitionsdepots und ähnlichen Aufgaben.

Ich ließ mich entlassen, um eine bürgerliche Existenz zu beginnen. Das Baltenkreuz und das Eiserne Kreuz II. Klasse sind mir eine wertvolle, liebe Erinnerung.

Einige Landsknechtstypen harrten weiter aus und dienten zum Teil in der entstehenden Reichsmarine. Gut, daß uns die Zukunft verschlossen war. Hätte uns eine Kassandra das Unheil von 1939 prophezeit, wir hätte geglaubt, daß sie verwirrten Sinnes sei. Das unmöglich Scheinende hat Hitler fertig gebracht und das Baltikum verraten.

Bei späteren Flottenbesuchen in Libau, Riga, Reval lernten wir die Balten nun anders kennen. Wir ließen uns wegen unseres Baltenkreuzes bewundern und hatten herrliche Feste bei unserer deutschen diplomatischen Vertretung, wo wir mit den Baronessen mit den bekannten Namen tanzten und flirteten und uns in den Botschaftsgärten bei den Klängen von Mozarts »Kleiner Nachtmusik« in die Arme fielen.

Neubeginn 1921 bis 1924

Nach meiner Rückkehr aus dem Baltikum im Juli 1919 war es meine Absicht, nach einem Studium als Syndikus in der Wirtschaft einen neuen Lebensinhalt zu finden. Während der ersten Semester machte ich gleichzeitig eine Banklehre durch, und zwar bei dem bekannten jüdischen Privat-Bankhaus Gebr. Arnhold, Dresden, das ein Berliner Büro in der Französischen Straße ganz in der Nähe der Universität unter Leitung des jungen Hans Arnhold unterhielt. Hier arbeitete ich täglich von 9 bis 17 Uhr, unterbrochen von einem Mittagessen in der Volksküche, wo es im allgemeinen »Kälberzähne« (Graupen) aus Blechklumpen gab. Von 8 bis 9 Uhr und von 17 bis 18 Uhr hörte ich Vorlesungen an der Universität. Welche günstigen Nachwirkungen diese Banklehre für die Zukunft hatte, erlebte ich 1947 und 1961 bei der Gründung einer zivilen Existenz. Im Herbst 1920 schloß ich die Banklehre mit einem erfreulichen Zeugnis ab und übersiedelte nach Tübingen, um mich ausschließlich meinem Studium zu widmen.

Inzwischen hatte der Kapp-Putsch die Marine in ihren Grundfesten erschüttert. Es wurde dringend Nachwuchs gebraucht, ich erhielt eine entsprechende Anfrage. Das völkerrechtliche Seminar in Tübingen leitete Professor Pohl. Dieser hatte während des Krieges im Reichsmarineamt Rechtsfragen im Zusammenhang mit dem U-Boot-Krieg bearbeitet. Ich hielt in seinem Seminar ein Referat: »Der militärische Oberbefehl in der Bismarckschen und in der Weimarer Verfassung.« Es war üblich, hinterher den Professor nach Hause zu begleiten. Auf diesem Nachhauseweg entschied sich mein Schicksal. Ich erzählte Pohl von dem Angebot der Marine, das ich innerlich schon abgelehnt hatte. Ob es die Qualität meines Referats oder seine Vorliebe für die Marine oder beides war — lassen wir das offen —, jedenfalls riet er mir zur Marine. Ich folgte seinem Rat, wurde angenommen, sandte meinem Vater ein Telegramm, fuhr nach Wilhelmshaven und habe es nicht bereut.

Der Versailler Vertrag erlaubte der Marine nur die Indiensthaltung von sechs Linienschiffen der veralteten *Deutschland*- und *Braunschweig*-Klasse (Ersatzbauten nur bis zu 10 000 Tonnen), sechs Kleinen Kreuzern (Ersatzbauten bis zu 6 000 Tonnen), zwölf Zerstörern (Ersatzbauten bis zu 800 Tonnen) und zwölf Torpedobooten (Ersatzbauten bis zu 200 Tonnen). Unterseeboote und Flugzeuge waren verboten. Die Kopfstärke durfte einschließlich der Offiziere 15 000 Mann nicht übersteigen. Die Mindestdienstzeit für Offiziere und Mannschaften war auf 25 bzw. 12 Jahre festgelegt.

Aus finanziellen und personellen Gründen war es nicht möglich, alle nach dem Versailler Vertrag erlaubten Kriegsschiffe ständig im Dienst zu halten. Diese Flotte war schon wegen des Alters ihrer Einheiten auch kleineren Seemächten unterlegen. Selbst ihre Seetüchtigkeit war ein Problem. Bei schlechtem Wetter konnte einem für die Sicherheit der anvertrauten Besatzung bange werden. Erst im Jahre 1925 wurde der erste Neubau auf Stapel gelegt und 1926 als Kreuzer *Emden* — in Andenken an den ruhmreichen Auslandskreuzer im Ersten Weltkrieg — in Dienst gestellt.

Der Entscheidung, zur Marine zu gehen, lag ein gut Teil Idealismus zugrunde. Ich hatte kaum eine glänzende Karriere vor mir. Vielmehr wollte ich mich wirklich einem großen Ziele hingeben nach der Devise: »Wer auf Preußens Fahne schwört, hat nichts, was ihm selber gehört«, vergleichbar einem jungen Katholiken, der sich zum Priesterstand entscheidet. Allerdings: während es dieser in Rom mit Papst und einer 2 000 Jahre erfolgreichen Organisation bewundernd zu tun hat, war ich — so schön der Seeoffiziersberuf auch ist — doch enttäuscht, als es darauf ankam: im Krieg. Ich stand im Widerspruch zur Seekriegsleitung 1939 bis 1945.

Ich hatte immer Zweifel, ob die Marineleitung die Lehren des Ersten Weltkrieges hinreichend beherzigte: den Untergang des Kreuzergeschwaders bei den Falklandinseln, das katastrophale Scheitern des uneingeschränkten U-Bootkrieges....

Minensucher

Etwa 20 Anwärter bildeten die Crew 20. Wir wurden im Februar 1921 auf die einzelnen Boote der 11. Minensuchflottille verteilt, auf denen der eine oder andere der Besatzung noch an der Revolution beteiligt gewesen war. Es war eine harte Zeit bei den winterlichen Stürmen an der holländischen Küste, wo wir Minen aus dem Weltkrieg räumten. Aber die Ausbildung als Rudergänger, Signalgast und Ankergast u.ä. hat mir mein Leben lang genutzt, eine bessere Schule in seemännischer Hinsicht als auf einem 400 Tonnen-Boot in der Nordsee ist nicht denkbar. Allerdings, beim ersten Auslaufen von Wilhelmshaven verpaßte der Kommandant den festen Sektor von Arngast auf der Jade und *M 66* saß fest. Eine frühe Warnung für den wißbegierigen Seekadetten. Lagen wir vor Anker, so erfolgte der Verkehr mit dem Land mit Kutter oder Jolle unter Segeln, was bei dem Strom von 2 bis 3 Seemeilen und zuweilen noch mehr großes seemännisches Können voraussetzte; die Sände zwischen den Inseln waren gefürchtet. Im übrigen las ich damals in meiner Hängematte im Vorschiff das »Kapital« von Marx, ein Gewinn für mein Leben.

Zu unserer Enttäuschung wurden wir als Offizieranwärter im untersten Rang eines Matrosen eingestellt. Nachdem ich schon fünf Monate in der Kaiserlichen Marine gedient hatte, ein halbes Jahr im Baltikum eingesetzt worden war, das Eiserne Kreuz II. Klasse besaß und schließlich fünf Semester mit Einschluß der Zwischensemester studiert hatte, war diese Einstufung nicht berechtigt. Sie ähnelte der Verständnislosigkeit, mit der in der Kaiserlichen Marine ungediente Steuerleute der Handelsmarine mit Patent »Auf Großer Fahrt« zum Deckwaschen beordert worden waren.

Es war ein radikaler Wechsel: Von der akademischen Freiheit in die Disziplin auf einem Kriegsschiff, aus der Reihe der Kommilitonen in das Glied einer Matrosendivision, aus meiner Studentenbude mit reizender Wirtin in das Deck eines Minensuchers.

Meinen Eltern schrieb ich: »Den dritten Tag in Wilhelmshaven kann ich Euch meine Eindrücke ruhig und sachlich zu schildern versuchen. Zunächst: die Marine hat die Revolution noch nicht in dem Maße überwunden wie die Armee. Dies zeigt sich in dem Verhältnis der Offiziere zu den Leuten, in Dienstbetrieb und im Straßenbild.

Dann, was mich angeht: Ich bin auf einem Minensuchboot kommandiert, wohne mit den Leuten in der Back, esse aus Kumpen und bin riesig schmierig. Doch Gott sei Dank nur äußerlich. Innerlich bin ich sehr froh. Die Leute z.T. famose alte Seebären, die auch nur die Liebe zur See hier hält und mit denen es sich ausgezeichnet auskommen läßt. Dann ist es sehr schön, daß ich auf ein so kleines Boot gekommen bin und nicht auf ein dickes Schiff. Ich denke, bereits in den nächsten Tagen beim Minensuchen in den dänischen Gewässern die christliche Seefahrt von Grund auf kennenzulernen. Wir sind zu je drei Offiziersanwärtern immer auf einem Boot meiner Flottille. Wir werden aber ganz von der Pike auf ausgebildet und werden ganz andere Seeleute als die Kriegsleutnants....«

Was die erste Bemerkung zur Überwindung der Revolution angeht, so zielt sie auf den Kapp-Putsch März 1920. Unter der besonnenen Leitung der Generale Reinhardt, Chef der Heeresleitung, und v. Seeckt, Chef des Truppenamtes, blieb die Armee so gut wie unberührt. In der Marine stellten sich dagegen der Chef der Admiralität, Vizeadmiral v. Trotha, und auf dessen Befehl die beiden Chefs der Marinestationen der Nordsee und der Ostsee, Vizeadmiral Michelsen in Wilhelmshaven und Konteradmiral v. Levetzow in Kiel, der Gegenregierung zur Verfügung. Dies erschütterte die junge Reichsmarine in ihren Grundfesten. Alle drei Admirale wurden wegen der Unterstützung des Kapp-Putsches verabschiedet. Levetzow wurde 1932 Mitglied des Reichstages (NSDAP) und war von 1933 bis 1935 Polizeipräsident in Berlin.

Später las ich ohne Freude die Biographien beider Herren. Soweit ich mich erinnere, war ich als Zeitfreiwilliger bei der Marinebrigade eingeplant, kam aber meinem Stellungsbefehl nicht nach. Sicherlich klingt es verwunderlich, wenn ich sage, diese Einstellung zum Kapp-Putsch ließ schon einige der Wurzeln erkennen, die später zu meiner gewissen Isolation in der Marine des Dritten Reiches führten. Zum Schluß eine charakteristische Begebenheit.

Der Backschafter (der wöchentlich wechselnde Geschirr-Reiniger) war ein hübscher, an Land sehr aktiver, junger Matrose. Eines Tages wurde es publik, daß er, nachdem er sich an Land eine »Kavalierskrankheit« geholt hatte, unser Eßgeschirr nun mit demselben Lappen reinigte, mit dem er auch einen gewissen Körperteil seines sündigen Leibes behandelte. Der Deckälteste warf ihm einen Kumpen Erbsensuppe ins Gesicht und versetzte ihm eine Tracht wohlverdienter Prügel.

Mit zehneinhalb Jahren hatte ich das humanistische Gymnasium mit dem Realgymnasium getauscht wegen der besseren Voraussetzungen für den Seeoffizierberuf. Nun war ich trotz Kriegsverlusten und Flottenmeuterei wieder bei der Marine, dem Traum meiner Kindheit.

Kreuzer *Hamburg*

Nach vier Monaten wurden wir auf die Kreuzer *Hamburg*, *Thetis* und *Medusa* verteilt. Diese waren Kohlenschiffe mit Rammsporn und bereits in der Skagerrak-Schlacht altes Eisen. Ich kam mit sechs anderen auf die *Hamburg*, wo wir in der Backbord–10,5 cm–Kasematte beengt untergebracht wurden. Beim Schlingern stieß ich mit meiner Hängematte gegen die eiserne Feuerleitanlage des Geschützes, so daß bei unruhiger See an ein Schlafen nicht zu denken war. Wir erhielten einen interessanten Auftrag, nämlich mit einer Minensuch-Flottille ins Weiße Meer zu gehen, um auch dort die aus dem Krieg stammenden Minen zu räumen. Eine unvergeßliche Fahrt durch die norwegischen Schären um das Nordkap herum in Richtung Archangelsk. Aus irgendeinem Grunde eröffnete eine sowjetische Batterie an der Murmansksküste das Feuer auf die Minensucher, die dieses erwiderten. Zu meiner großen Enttäuschung drehte unser Kommandant, Fregattenkapitän Bobsien, ab, und wir verschwanden in einer Nebelwand. Auch an die Rückfahrt durch die hellen Nächte des Polarmeeres habe ich eine lebendige Erinnerung, nicht ahnend, daß das Schicksal mich nach 20 Jahren in diesen Gewässern wiederfinden würde. Im übrigen erhielt ich auf der *Hamburg* meine erste — nicht letzte — Arreststrafe.

Drei Tage bei Wasser und Brot in der Wiker Arrestanstalt, weil ich mit meinem Crewkameraden Tetje Krüger die Urlaubskarte getauscht hatte. Unsere Freundinnen, zwei Kinderbetreuerinnen, hatten asynchronischen Ausgang zu Tetjes und meiner Freiwache. Der Erste Offizier war Junggeselle und humorlos. Auf ihn paßte nicht der weise Spruch: Nihil humanum alienum est mihi. Später kamen dann noch zehn Tage Arrest als Leutnant hinzu.

Mir ist noch eine Begebenheit in Erinnerung: Das erste ausländische Schiff, das Deutschland nach dem Krieg anlief, war das argentinische Kadettenschulschiff *Presidente Samiento*. Zu seiner Begrüßung wurden wir nach Hamburg geschickt. Reichspräsident Friedrich Ebert kam aus Berlin. Er besuchte unser Schiff, und wir Kadetten wurden ihm vorgestellt. Er gab jedem die Hand und fragte nach dem Stand des Vaters. Ein Arbeitersohn war nicht unter uns. Seine Persönlichkeit machte den Eindruck von Würde, Wohlwollen und Vorurteilslosigkeit.

Ende März 1922 fand die Fähnrich-Prüfung statt, hauptsächlich Seemannschaft, Signaldienst und Anfänge der Navigation. Daneben Bootsdienst, Dienstkenntnis und Schiffskunde. Damit war die eigentlich schwere Zeit in der Marine vorüber. Oft hatte ich mich gefragt, ob ich einen richtigen Entschluß gefaßt hatte. Als Fähnrich zur See gab es keinen Zweifel mehr. Die Zukunft lag hell und problemlos vor mir.

Marineschule

Der Unterschied zwischen der bisherigen Bordzeit und der Ausbildung an der Marineschule war schwer vorstellbar. Wir wohnten jetzt zu dreien in einem Appartement mit Wohnzimmer, Schlafzimmer und Waschraum mit dem Blick auf die Flensburger Förde. Wir waren für den großen Bau eigentlich zu wenig, nur etwa 30 Seekadetten und zehn Ingenieur-Kadetten. Kommandeur der Marineschule war Fregattenkapitän Tillessen, eine blendende Erscheinung, später Linienschiffskommandant und Stationschef. Direktionsoffizier war Korvettenkapitän Zander, später Chef der 1. Torpedobootsflottille. Er gab hervorragenden Unterricht in Seekriegsgeschichte, dessen Niveau sich mit den Vorlesungen an der Universität messen konnte. Mein Navigationslehrer war Korvettenkapitän Boehm, später mein verehrter Flottenchef und als solcher mein Lehrmeister in Seetaktik. Diese Offiziere sowie unser Kompanieführer und unser Zugführer waren alle vorzüglich. Im allgemeinen hatten wir nach dem Frühdienst fünf Stunden Unterricht und am Nachmittag drei Stunden praktischen Dienst, Sport, Reiten, Segeln, Handball — ein sehr gesunder Ausgleich. Erwähnt sei auch die Tanzstunde in der Stadt mit reizenden Bürgerstöchtern.

Eines Tages besuchte uns der Inspekteur des Bildungswesens, Konteradmiral Raeder. Er aß mit uns und hielt anschließend eine Rede. Bei unseren überalterten Schiffen lebten wir von der Hoffnung auf bessere Zeiten; so war es uns eine Ermutigung, von ihm zu hören, daß die Marine bereits heute eine praktische Aufgabe habe, nämlich den Schutz der Seeverbindung nach Ostpreußen, nachdem der polnische Korridor die Landverbindung unterbrochen hatte. Mit fiel sein durchgeistigtes Gesicht auf. Wir wußten, er war im Kriege beim Befehlshaber der Aufklärungsschiffe, Admiral v. Hipper, zunächst 1. Admiralstabsoffizier, später Chef des Stabes gewesen. Er hatte über den Kreuzerkrieg geschrieben. Niemand ahnte von uns, daß er fünf Jahre später an der Spitze der Marine stehen würde und das länger als vierzehn Jahre, daß später alle wichtigen Entscheidungen politischer, militärischer, schiffbaulicher Art von ihm getroffen würden.

Der zwölfmonatige Lehrgang schloß ab mit der Seeoffizier-Hauptprüfung, die in der Handelsschiffahrt dem Patent auf Großer Fahrt entsprach. Alle Fächer wurden mit verschiedenen Werten multipliziert, den höchsten Wert hatte Diensttüchtigkeit — nach den geltenden Bestimmungen: Charaktereigenschaften, geistige Veranlagung, Berufsfreude; in der nur mein Freund Henigst und ich die Note »sehr gut« erhielten. Nach dem Prüfungsergebnis wurden wir in die Rangliste eingeordnet.

Eine wenig erfreuliche Geschichte möchte ich nicht verschweigen: Der Leiter der Prüfungskommission war Konteradmiral Eschenburg, später lange Zeit Adjutant des Kaisers in Doorn. Ich wurde an die Tafel gerufen, um eine Navigationsaufgabe zu lösen. Eschenburg fragte mich wohlwollend, wo ich denn mein Eisernes Kreuz erhalten hätte, dessen Schnalle ich an der Uniform trug. Ich antwortete wahrheitsgemäß: Bei dem Kämpfen im Baltikum. Eschenburg darauf: Da war doch der Kaiser gar nicht mehr da. Darauf ich, daß Hindenburg die Eisernen Kreuze in Kolberg verliehen hätte. Jetzt wurde Eschenburg böse und monierte meine schlechte militärische Haltung. Die Folge: Ich erhielt in dem Hauptfach Navigation eine Note schlechter als bisher und damit einen Platz tiefer in der Crew-Liste. Mit der Folge, daß ich später Kommandant des Führerboots wurde. Auf diese Weise wurde das Glück meiner zweijährigen Kommandantenzeit beeinträchtigt. Kleine Ursache, große Wirkung!

Später übte ich eine kleine Vergeltung. Bei der Beisetzung des Prinzen Heinrich in Hemmelmark hatte ich den Kranz des Reichswehrministers mit großer schwarz-rot-goldener Schleife am Sarge niederzulegen. Eschenburg, grotesk in der Uniform eines kaiserlichen Admirals — der er nie gewesen war —, legte seinen Kranz mit schwarz-weiß-roter Schleife über den meinigen. Ich zog meinen hervor, verdeckte den seinen, bewachte ihn mit drohenden Blicken und blieb Sieger. Eschenburgs Heldenpose geriet ins Wanken.

Kreuzer *Berlin*

Im Anschluß an die Marineschule Mürwik absolvierten wir Waffenkurse. Danach hatten wir als Oberfähnriche wieder Bordkommandos. Henigst und ich kamen auf den Schulkreuzer *Berlin*, um als Vorbild für die Kadetten zu fungieren. Das Gegenteil traf ein. Wir waren für den damaligen Ersten Offizier, Kapitänleutnant Canaris, ein stetes Ärgernis, enttäuscht, daß wir nun sechs Jahre nach unserem Eintritt immer noch auf den Ärmelstreifen warten mußten. Kommandant war der bekannte Freicorpsführer, Kapitän zur See v. Löwenfeld. Während der Werftzeit war ich drei Monate auf der 2. Torpedobootshalbflottille kommandiert. Mein Kommandant war der Oberleutnant zur See Meisel, später mein Chef als Zerstörerkommandant und im Kriege Chef des Stabes der Seekriegsleitung.
Die *Berlin* war umgebaut worden. Statt der Rammsporns (ein Andenken an die Seeschlacht von Lissa 1866) bekamen wir einen modernen Kreuzerbug.

Wanderleben durch Flotte und Stäbe 1924 bis 1932

Torpedoboote

Im Herbst 1924 waren wir nun endlich Leutnante. Die ersten fünf unserer Crew erhielten das ersehnte Torpedobootkommando. Mein Kommandant auf *T 143* war der überaus sympathische Kapitänleutnant Förste. Wie klein doch die Marine war. Förste wurde später mein I. Offizier auf Kreuzer *Königsberg*, mein Vorgesetzter im Krieg in der Ägäis und schließlich mein Vorgesetzter als Kommandierender Admiral in Wilhelmshaven. Das zweite und dritte Jahr auf der Halbflottille war ich auf dem Führerboot, wo ich mich mit dem I. Wachoffizier, Oberleutnant z.S. Baltzer, sehr gut vertrug. Navigation und Seemannschaft, Fahrkunst, Taktik, Dienstkenntnis, Artillerie, Menschenführung, das alles wurde in diesen Jahren gründlichst gelehrt. Unsere Boote waren 20 Jahre alt, teilweise noch mit Kohlefeuerung, anfangs mit Kolbenmaschinen, später mit Turbinen. Wir fuhren Tag und Nacht im Sommer und Winter in der Ostsee, der Nordsee: Schießübungen, Flotten-Manöver, Werftzeiten im Winter, Auslandsreisen im Sommer; bis zur Erschöpfung eingespannt.

Unser Heimathafen war Swinemünde, genauer gesagt Osternothafen, an der Swine-Mündung — dieser anmutige Badeort, die hübsche Umgebung, das Stettiner Haff, die Kurpromenade und das Kurhaus. im Winter: Nebel, Eisschollen, Stürme.

Die Disziplinarverhältnisse an Bord waren gesund, die Revolution hatte uns die Augen geöffnet, und frühere Mißstände aus der Kaiserlichen Marine waren verschwunden. Das Verhältnis von Offizier zur Besatzung vorbildlich, die Kameradschaft unter uns Wachoffizieren bestens, kein Ehrgeiz war im Spiele.

Weihnachten blieb ich meist an Bord, was ich heute im Hinblick auf meine alten Eltern bereue. Die Hälfte meiner Division, etwa 20 Mann, blieb über die Festtage als Wache an Bord. Jeder von ihnen fand auf dem Weihnachtstisch ein buntes Band mit 1 Zigarre, 1 Zigarillo, 1 Zigarette und einem von mir gedichteten Vierzeiler. Ich liebte mein Boot, meine Matrosen, das enge Fahren der Halbflottille, die Stille in meiner Kammer, das Reiten auf der Hecksee des Vordermanns, das nächtliche Schießen auf Scheiben im Scheinwerferlicht, die Brückenwache mit Rudergänger, Signalgasten, das Kartenhaus mit Seekarte, Dreieck und Zirkel — das war nun meine Welt.

Damals mußte jeder Offizier eine Winterarbeit einreichen, um neben der reinen Praxis den geistigen Nährboden nicht verkümmern zu lassen. Im Hinblick auf meine Erlebnisse im November 1918 wählte ich das Thema: »Durch welche Maßnahmen des britischen Flottenkommandos wurde die Disziplin in Scapa Flow erhalten?« Die Briten hatten damals sehr viel für die Betreuung ihrer Besatzungen auf den Schiffen der Grand Fleet getan. Mir brachte diese Arbeit erheblichen Gewinn für das, was wir heute Innere Führung nennen.

Eines Tages besuchte mich meine Mutter. Mit Schwierigkeiten — nicht besonders gut zu Fuß — stieg sie den steilen Niedergang zur Offiziersmesse hinab. Um die Messe herum lagen die Offizierkammern. Meine war so eng, daß meine Füße sich beim Schlafen in einem Durchbruch — holzverkleidet — der Nebenkammer ausstrecken mußten. Mein Vater hatte immer zu mir gesagt: »Hauptsache, Du bleibst so klein, daß Du in die Hängematte paßt; Betragen ist in der Marine ohne Bedeutung.« Das war sehr großzügig, denn mein Betragen sah zum Beispiel so aus: »Nicht ohne Tadel, er mußte wegen Unfleißes, Unaufmerksamkeit und ungehörigen Benehmens wiederholt bestraft werden.« — Um eine Ausrede nie verlegen, erwähne ich, daß meine Schulzeit in den Krieg fiel, der uns natürlich viel mehr interessierte als die Penne. Sitzengeblieben bin ich nie. In der Quinta war ich sogar der zweite von etwa 30 Schülern! Ich denke mit Befriedigung an das Lichterfelder Realgymnasium zurück; ich verdanke ihm viel.

In der beschriebenen Kammer habe ich mich drei Jahre wohlgefühlt. Als meine Mutter wieder an das Tageslicht zurückgeklettert war, nachdem sie alles mit Fassung ertragen hatte, lief gerade das schneeweiße Fährschiff *Tannenberg* aus Pillau in die Swine ein. Da bereitete sie mir eine der wenigen Enttäuschungen. Seufzend sagte sie: »Ach, wenn Du doch da an Bord sein dürftest!«

Noch eine Erinnerung: Reichswehrminister Geßler fuhr zur Vermeidung des Korridors bei uns an Bord von Swinemünde nach Ostpreußen mit. Bei dem guten Wetter hatte der Steuermann die Wache auf der Brücke. Wir vier Offiziere saßen mit dem Minister in der Messe. Er fragte jeden von uns nach seinem Gehalt. Und keiner konnte ihm eine Antwort geben. »Wie soll ich im Reichstag Ihre Gehälter aufbessern, wenn mir keiner sagen kann, was er verdient?« — Wo gibt es so etwas noch? Zusammengefaßt: Osternothafen mit seinen Molen, seinem Nebelhorn, seinem Leuchtturm, seinen alten Forts, seinen Lotsen, seinen Zöllnern, seinen Fischerbooten mit braunen Segeln ohne Motor, seinem bescheidenen Sommer-Logis, seinen Pappeln, seinem Strand, seinen Dünen ist eine meiner liebsten Erinnerungen — heute voller Wehmut.

Adjutant

Auf diese schönen und fruchtbaren Jahre folgte eine Zeit der Verwendung als Adjutant. Zunächst bei der Schiffs-Artillerieschule in Kiel, dann bei der III. Marine-Artillerieabteilung in Swinemünde. Schließlich wurde ich persönlicher Adjutant des Stationschefs in Kiel, Vizeadmiral Raeder. Bevor ich meinen Dienst antrat, wurde Raeder Nachfolger von Admiral Zenker als Chef der Marineleitung, der wegen der Lohmann-Affäre zurücktreten mußte.

Ich meldete mich bei Raeders Nachfolger in Kiel, Konteradmiral Hansen, bisher Inspekteur der Marineartillerie. In meiner Stellung war ich verantwortlich für die Aufstellung von Reiseplänen, für Dienstwagen, für offizielle Essen mit Tischordnung und Musik und viele andere Fragen von Organisation und Protokoll. Die Stadt Kiel und ihre Umgebung gefielen mir. Ich hatte einen edlen Araber als Dienstpferd und eine Segeljacht (»Leuchtkäfer«) zur Verfügung. Ich lebte häufig in »höheren Regionen« von Oberbürgermeister, Oberpräsident, Landeshauptmann, Hohenzollernhaus und tat manchen Blick hinter die Kulissen. Takt, Loyalität, Diskretion waren unentbehrlich.

Die Hauptsache aber war, daß ich mich mit meinem Chef und seiner weltgewandten Frau bestens verstand. In ihrer noblen Dienstwohnung, der »Neuen Seeburg«, war ich bald wie ein Sohn des Hauses. Mein Chef wurde überall geschätzt, während Admiral Raeder zwar allgemeine Achtung genoß, in seiner Autoritätssucht, die sich bis in den privaten Bereich erstreckte, jedoch nicht gerade beliebt war.

Der verlorene Erste Weltkrieg hatte kaum Einfluß auf die angesehene Stellung der Offiziere in der Gesellschaft gehabt. Eine Einladung beim Stationschef hatte einen hohen Stellenwert: Kieler Woche, Bälle, Regatta-Begleitfahrten und viele andere Geselligkeiten. Die jungen Mädchen machten vorher einen Anstandsbesuch bei der Frau des Stationschefs.

Unsere Beziehungen zu den politischen Parteien, auch zu den sozialdemokratischen Oberpräsidenten und Polizeipräsidenten, waren unbelastet. Natürlich war die Tischordnung nicht einfach — wenn beispielsweise Hohenzollernprinzen eingeladen waren. Ohne die Hilfe meiner Mitarbeiterin wäre ich wohl gescheitert. Eine meiner liebsten Erinnerungen waren die wöchentlichen Jagden im Herbst, die einmal von der Marine, einmal von den umliegenden Gutsbesitzern vorbereitet und veranstaltet wurden. Unvergeßlich, mit der hübschen Ruth Steffens — diese wohl als einzige im Damensattel — Seite an Seite über die Hindernisse zu fliegen. Mein Apfelschimmel, einst für Raeder gekauft, dann aber wegen Lebensgefährlichkeit seinem Adjutanten freundlichst überlassen, war edel und feurig, aber schwer zu reiten. Ich war kein guter Reiter, immerhin hatte mein sparsamer Vater mir schon als Primaner Reitunterricht angedeihen lassen. Besonders erinnere ich mich auch noch der schönen Reisen mit der Stationsjacht *Nixe*, in der Hansens über ein elegantes Appartement verfügten und ich über eine reizende kleine Brückenkammer. So machten wir die schönsten Fahrten, am Mast wehte die Admiralsflagge, nach Travemünde, Swinemünde, Pillau, Eckernförde, Glücksburg. Eigentlich waren wir jedes Wochenende unterwegs — die Freundschaft mit Hansens hielt bis zum Tode beider.

Während meiner Zeit als Stationsadjutant kam Admiral Raeder mehrmals im Jahr nach Kiel, nie ohne mit dem Stationschef Konteradmiral Hansen zusammenzutreffen, häufig in meiner Anwesenheit.

Er war der dienstälteste Offizier der Wehrmacht, älter als die Generale v. Schleicher, v. Blomberg, v. Hammerstein und v. Fritsch. Man kann seine entscheidende Rolle und die der Führung des Heeres vor, bei und nach der Machtergreifung überhaupt nicht überschätzen; dies wird die Historiker noch lange beschäftigen.

Abweichend von meinem Vorsatz, nur Erlebtes zu berichten, füge ich hier einige Gedanken über Admiral Raeder ein, die ich mir im weiteren Verlauf der Jahre machte:

Raeder hatte eigentlich nie auf See geführt, von der ereignislosen kurzen Zeit als Kommandant des Kreuzers *Cöln* und später 1924 der noch kürzeren als Befehlshaber der leichten Streitkräfte Nordsee abgesehen. Er lehnte einen militärischen Führer der gesamten Wehrmacht ab, duldete keinen Chef des Admiralstabes, den Flottenchef, im Kriege degradiert zum Seebefehlshaber Nord (oder West), wechselte er pausenlos. Kaum jemand kennt den Namen des Ersten Seelords, aber alle den Flottenchef Nelson auf dem Trafalgar Square in London. Während der entscheidenden ersten Jahre des Krieges ließ er die Marine im Führerhauptquartier lediglich durch einen jungen Stabsoffizier im Wehrmachtführungsstab des Generalfeldmarschalls Keitel vertreten.

Im Jahre 1926 erschien als Privatdruck eine Schrift des Vizeadmirals Wegener, die einiges Aufsehen machte: Die Seestrategie des Weltkrieges. Die hier an der Führung der Kaiserlichen Marine geübte Kritik verabscheute Raeder. Er tat alles, um ihre Verbreitung im Seeoffizierkorps zu verhindern.

Den U-Boot-Krieg bearbeitete im Marinearchiv Admiral Spindler. Ich habe nie erfahren, daß die Bände mit den Fehlurteilen des Admiralstabes über die Aussichten des uneingeschränkten U-Boot-Krieges herauskamen.

Meines Wissens ist die Meuterei der Flotte überhaupt nicht bearbeitet worden. So kamen die Ergebnisse des Untersuchungsausschusses des Reichstages nicht zu unserer Kenntnis. Aber die Praxis in der Reichsmarine hat trotzdem die richtigen Folgerungen gezogen.

Persönlich betroffen war ich von Raeders Maßnahmen dreimal. Von einer sei hier berichtet: Raeder verbot 1929 den »Herrenabend« in Kiel. Mit Einsatz meiner ganzen Person — gemeinsam mit dem Flaggleutnant des Flottenchefs — bemühte ich mich vergeblich, dieses Verbot zu widerrufen. Der alljährliche Herrenabend der Seeoffiziere in Wilhelmshafen oder Kiel war eine alte Einrichtung, wo in humorvoller Weise Admirale, Vorkommnisse und Anordnungen kommentiert und kritisiert wurden. Ich glaube, es war 1912, als man neben den verdutzten Kaiser, der sich oft gebrüstet hatte, alle Admirale und Kapitäne zur See persönlich zu kennen, einen blutjungen Leutnant setzte, nachdem man diesem vier goldene Ärmelstreifen auf sein Jackett genäht hatte. Während bisher Beförderungen nach dem Dienstalter in der Rangliste erfolgten, sollte eine Neuerung insofern eingeführt werden, als ein »Springen« möglich war, um befähigte Offiziere in jungen Jahren in höhere Stellen zu bringen. Das Seeoffizierkorps fürchtete bei einem solchen Verfahren für die bis dato berühmte Kameradschaft. Nachdem man sich genügend an der Verunsicherung des Kaisers geweidet hatte, erfolgte die Aufklärung: »Majestät, ein Springer!« Der Kaiser lachte herzlich.

Anders Admiral Raeder. 1929 wurde in seinem Beisein von Offizieren des Stabes des Stationskommandos ein Theaterstück aufgeführt, in dem die Kapitäne »Wendehals« und »Klarfahrer« aufs Korn genommen wurden, um das in der kleinen Marine mit schlechten Beförderungsbedingungen nicht ganz unverständliche Karrieredenken zu brandmarken. Raeder, der übrigens auf seine Umgebung oft einen etwas unsicheren Eindruck machte, war über die verschleierte Kritik an seiner Personalführung so erbost, daß er den Herrenabend vom Fleck weg verbot. (Konnte er das überhaupt?) Alle auf meine Bitten unternommenen Schritte meines Admirals blieben erfolglos.

Zwei Begebenheiten aus meiner Adjutantenzeit seien noch erwähnt:

Das Bordfest

Der persönliche Adjutant des Stationschefs war sicher nicht immer ein Musterknabe, aber doch ein Mann von Reputation. Die goldene Adjutantenschnur machte ihn auch öffentlich kenntlich, kritische Augen auf sich ziehend. Meine Ernennung erstaunte mich, denn ich hatte einen Fleck auf der weißen Messeweste aus meiner Leutnantszeit. Das kam so: Wir waren mit zwei Torpedobooten zu Besuch in Stralsund, wo ich mit meinem guten Freund, Leutnant zur See Kurtchen Weyher, der hier kommandiert war, ein Tanzlokal aufsuchte, und dort ereilte mich das Schicksal in Gestalt einer gastierenden Kieler Künstlertruppe. Wir wurden beim Betreten mit einem Tusch begrüßt. Wir hatten kein Geld zum Revanchieren, so kam mir die großartige Idee einer Einladung zu mir an Bord. So gegen Mitternacht. Der Steward wurde geweckt und sorgte für Getränke. Es wurde ein rauschendes Fest. Der Saxophonbläser spielte der Spitzentänzerin zum Tanz auf dem Tisch auf, der Bauchredner füllte die Pausen, alles war begeistert, einschließlich der Wache und den vom Landurlaub Heimkehrenden, die an den offenen Skylights alles sehen und hören konnten. Eine wundervolle Mitsommernacht!

Der Morgen war dann grau: Grober Verstoß gegen die Schiffsordnung. Eine Jungfrau nachts in der Offiziersmesse! Mein sympathischer Kommandant, Kapitänleutnant Bonte, gefallen in Narvik, erklärte, seine Disziplinargewalt reiche nicht; dasselbe der Halbflottillenchef. Der letzte, der Flottillenchef, war mein Seekriegslehrer in Mürwik gewesen, und was die englisch-holländischen Seekriege im 17. Jahrhundert angeht, so übertraf mich niemand. Er ließ Gnade vor Recht walten, warf mich nicht aus der Marine, sondern belegte mich mit der Höchststrafe von zehn Tagen Kammerarrest. Weyher und der Leitende Ingenieur bekamen nur sieben Tage!! Als ich Flottenchef wurde, mag dieser oder jener Offizier hier und da mir übergewesen sein, aber in der Zahl der Arresttage, nicht daß ich wüßte! Später kam noch dazu: Gerichtliche Strafverfügung: »Sie sind am 12. März 1947 in Hamburg, Grindelallee, auf dem Puffer einer Straßenbahn mitgefahren. Eine Haftstrafe von zwei Tagen oder 10,- Mark Geldstrafe.« (Gefahren war ich auf der Suche nach Arbeit bei überfüllter Straßenbahn.)

Der Unfall des Admirals

Bald nach meinem Kommandoantritt trat ein Ereignis ein, das mir die Sympathie von Frau Hansen einbrachte. Der Admiral, unser Major im Generalstab und ich ritten in der Bahn in der Wik. Dabei geschah es, daß ersterer vom Pferd fiel und einen Hufschlag vor die Brust erhielt. Der herbeigeholte Marineoberassistenzarzt nahm vor dem im Staube liegenden Stationschef militärische Haltung an und begann eine längere Meldung zu erstatten, als ihn der Major anranzte: »Halten Sie Ihren dummen Mund, und machen Sie ihm das Jackett endlich auf.« Ich weiß nicht mehr, welche Verletzungen vorlagen. Hansen wurde in das große Wiker Marinelazarett transportiert. Frau Hansen, eine Arzttochter aus Berlin, hatte kein Zutrauen zu den Marineärzten. »Gnädige Frau, es geht nicht an, daß der zweitälteste Admiral der Marine das Marine-Sanitätswesen blamiert. Ich verspreche Ihnen, tritt eine Komplikation ein, entspreche ich Ihren Wünschen.« Die Komplikation trat ein. Ich bestellte einen Wagen und fuhr den Admiral gegen den Willen der Ärzte und ohne Erlaubnis in die Universitätsklinik, wo er nach längerer Zeit gesundete.

Meine Beurteilung schrieb der Chef des Stabes, mit dem ich eigentlich nichts zu tun hatte. Ob meiner Eigenmächtigkeit fiel meine Conduite entsprechend aus. Der Admiral schrieb darunter: »Nicht einverstanden. Der Offizier verdient Beachtung und hat eine Zukunft.« Die Freundschaft mit Hansens hat auch meine beiden Pannen überstanden: als ich bei einem offiziellen Essen in der Seeburg für die Offiziere eines italienischen Geschwaders die Noten für die Faschisten-Hymne vergessen hatte und zweitens, als ich die *Nixe* in Travemünde warten ließ, weil ich mit einem hübschen Mädchen im Kurhaus tanzte und die Uhrzeit des In-See-Gehens erheblich überschritt.

Es gelang mir, die Tätigkeit als persönlicher Adjutant mit all den nicht sehr erfreulichen gesellschaftlichen Verpflichtungen einige Male zu unterbrechen.

An einem Herbstmanöver nahm ich teil als Kommandant des Tenders *Wacht*. Ich absolvierte einen Lehrgang auf der Schiffsartillerieschule für mittlere Artillerie. Ich war drei Monate Schnellbootskommandant unter dem großartigen Korvettenkapitän Weichold. Besonders letzteres Kommando war eine hervorragende Schule. Es waren eine Art Ersatzboote, die eigentlichen Schnellboote kamen erst später. Aber die taktische Schulung war auch so durchführbar und sehr fruchtbar.

Übrigens wären wir einmal mit der *Nixe* beinahe untergegangen. Ein schwerer Sturm hatte uns überrascht, ein Motor fiel aus, und mit Glück erreichten wir gerade noch als Nothafen Saßnitz. Die Ostsee-Garnisonen waren alarmiert, in heller Aufregung, verärgert.

Kreuzer *Königsberg*

Zwei Jahre in angenehmer, aber mich doch nicht befriedigender Stellung reichten mir, und ich betrieb meinen Ersatz durch meinen Freund Henigst. Ich wäre gerne auf einen Auslandskreuzer gegangen, aber leider mißlang dieses. So wurde ich Wachoffizier auf dem Kreuzer *Königsberg*, dem Flaggschiff des Befehlshabers der Aufklärungsstreitkräfte. Der halbe Stab des Stationskommandos fand sich hier wieder: Kapitän zur See Densch als Kommandant, Korvettenkapitän Förste als Erster Offizier, Kapitänleutnant Brinkmann als Navigationsoffizier. Schon bald wurde ich Gefechtswachhabender auf der Brücke neben dem Kommandanten bei Gefechtsübungen. Befehlshaber war Konteradmiral Albrecht, ein Vertrauter Raeders. Flottenchef war der in meiner Wertschätzung über allen Flaggoffizieren der Marine stehende Vizeadmiral Gladisch. Erster Artillerieoffizier war Korvettenkapitän

Burchardi, dem im Gefecht die Leitung der drei 15 cm-Drillingstürme oblag. Ich führte als Zweiter Artillerieoffizier die 1. Division von etwa 120 Mann mit großer Begeisterung. In diesen beiden Jahren war es für mich wertvoll, an allen Manövern von der Brücke eines Kreuzers aus teilzunehmen. Bisher hatte ich nur auf Booten mit einem Freibord von einem Meter Höhe gefahren. Auf dem Flaggschiff war es besonders lehrreich, bei den Herbstübungen des Flottenkommandos die neue Taktik des Torpedoweitschießens kennenzulernen.

Mit das eindrucksvollste Eriebnis war die Teilnahme der *Königsberg* und einer Torpedobootshalbflottille in Libau anläßlich der Feier des zehnjährigen Bestehens der lettischen Marine unter Admiral v. Keyserlingk. Viele Nationen waren vertreten. Aber die Pflege und das Aussehen unserer Schiffe, das Auftreten unserer Besatzungen standen unbestritten an der Spitze. Ich meinte, daß wir den Vergleich mit der von mir so sehr geachteten Royal Navy nicht nur aushalten konnten, sondern sogar gewannen. 1932 stand die Reichsmarine an Ausbildung, Disziplin und Auftreten auf ihrem Höhepunkt. Ich gestehe, wir führten ein etwas abgekoppeltes Leben; uns gingen die politischen Sorgen mit Reparationen, Versailler Vertrag und Genfer Abrüstungskonferenz nicht sehr unter die Haut.

Zum Schluß wieder eine heitere Begebenheit: Zum Stapellauf des ersten Panzerschiffes *Deutschland* auf der Kieler Werft am 19. Mai 1931 kam auch der Reichspräsident, Generalfeldmarschall v. Hindenburg. Die Taufrede hielt Reichskanzler Brüning, übrigens sehr eindrucksvoll. Danach schiffte sich Hindenburg bei uns ein, um an einer Tag- und Nachtübung der Flotte teilzunehmen. Ich sehe den alten Herrn rüstig, in gerader Haltung, die Füße auswärts setzend auf der Scharnhorst-Brücke zu unserem Fallreep schreiten, dahinter Minister, Admirale, Generale und Adjutanten. An Bord auf der Brücke konnte ich ihn gut beobachten. Seine Ruhe, seine tiefe Stimme, seine gewaltige Gestalt blieben in meinem Gedächtnis.

Die steilen Niedergänge wurden durch flache, hölzerne Stege ersetzt, so daß er — über 80 Jahre alt — bequem auf die Kommandobrücke konnte und später in die Admiralskajüte. Ihm zu Ehren fand eine Flottenparade statt. Die Besatzung in weißem Paradeanzug an der Reling aufgereiht: ein eindrucksvolles Bild.

Die *Königsberg* sollte die in Kiellinie fahrende Flotte von einigen Panzerschiffen, Kreuzern und Torpedobooten passieren. Dabei geschah folgendes: Die Flotte in Kiellinie dicht aufgeschlossen steuerte einen Kurs von 70 Grad, die *Königsberg* den Gegenkurs 250 Grad. Hindenburg saß in einem bequemen Sessel so hoch, daß die unter »Hurra« passierenden Besatzungen ihn sehen konnten. Ich stand neben dem Rudergänger am Kreiselkompaß, während der Kommandant durch Hindenburgs mächtige Gestalt etwas ins Abseits geriet. Ich ließ nun vom Kommandanten unbemerkt den Kurs um 5 Grad heranlegen, so daß ein sehr geringer Passierabstand herauskam. Natürlich zur Freude aller. Der Kommandant wurde unruhig, sah mich aber am Kompaß und griff nicht ein. Nach Schluß der Parade beichtete ich meine Eigenmächtigkeit. Er wurde böse — mit Recht — und befahl mir, mich um 17 Uhr bei ihm in der Kajüte zu melden. Dort sagte er mir, es sei von mir eine Unverschämtheit gewesen, aber ein Erfolg. Dann öffnete der Steward eine kalt gestellte Flasche Sekt — und wir stießen auf den alten Feldmarschall an.

Marineoffizier in kritischer Zeit 1932 bis 1945

Der gefährdete Friede

Eine folgenreiche Erinnerung: Ich wurde als Wachhabender Offizier mehr oder weniger Zeuge des Zerwürfnisses zwischen dem Chef der Marineleitung, Admiral Raeder, und dem Flottenchef, Vizeadmiral Gladisch, als wir während der Frühjahrsflottenmanöver 1934 in der Tromper Wik (Rügen) ankerten. Der Befehlshaber der Aufklärungsstreitkräfte, Konteradmiral Albrecht, hatte seinen Gönner Raeder sehr zum Ärger von Gladisch als Badegast auf sein Flaggschiff eingeladen. Gladisch kam zur Meldung bei Raeder an Bord, als Wachhabender Offizier empfing ich ihn am Fallreep; dahinter standen aufgereiht der I. Offizier, der Kommandant, Admiral Albrecht und einige Schritte entfernt Admiral Raeder. Vor den Augen Raeders pfiff Gladisch Albrecht verärgert an wegen des Ankerplatzes der *Königsberg*, der entgegen seinem Befehl zu weit entfernt vom Flottenflaggschiff lag, so daß Gladisch, der im Kutter gekommen war, bei der kabbeligen See einigermaßen naß wurde. Die Stimmung war gereizt, daß anschließende Mittagessen eine Katastrophe.

Mit mehr als zehn Dienstjahren hat man ja ein Urteil über seine Vorgesetzten. Für mich stand Gladisch unangefochten über allen Flaggoffizieren, ein Grandseigneur, großzügig, weltmännisch, humorvoll und ein ungewöhnlich fähiger Taktiker. Wir wünschten ihn als Nachfolger Raeders, wenn dieser normalerweise nach vier Jahren in den Ruhestand treten würde. Unmöglich zu sagen, wie alles dann gekommen wäre.

Als Lehrer an der Luftkriegsakademie in Gatow erwarb Gladisch sich einen legendären Ruf. Auf seinem Krankenlager im Taunus nach dem Kriege besuchte ich ihn häufig. Er hatte noch viel zu leiden. Er war immer mein Vorbild. Er hätte uns im Kriege hervorragend geführt. Es war derselbe Jahrgang wie die britischen Flottenchefs im Mittelmeer und im Nordmeer, die Admirale Cunningham und Fraser.

Nach dem Erfolg der Nationalsozialisten bei der Reichstagswahl im Herbst 1930 besuchte ich während meines Urlaubs meinen alten Chef im Berliner Büro des Dresdner Bankhauses Gebrüder Arnhold. Er fragte mich: »Halten Sie unsere Lage als Juden für gefährlich?« Meine Antwort: »Seien Sie ohne Sorge, die Reichswehr paßt auf.« Dies war ein schmerzlicher Irrtum in meinem Leben.

Waren in meinem Elternhause in Lichterfelde Generalstabsoffiziere mit dem Spiegel am Kragen und den breiten roten Streifen an den Hosen zu Gast, Bismarcks Halbgötter, durfte ich als Schuljunge diese kurz begrüßen. Sie waren in meinen Augen die Nachkommen der Offiziere Friedrichs des Großen, und ich bewunderte und beneidete sie. Seither begleiteten mein Leben:

Der Große Kurfürst, der Schöpfer preußischen Soldatentums, in seinem Testament für seinen Nachfolger:

»Eure von Gott gegebenen Untertanen müsset Ihr ohne Ansehen der Religion als rechter Landesvater lieben, ihren Nutzen allezeit gern zu befördern suchen ...« Anno 1667.

Einmal hatte ich einen tüchtigen jüdischen Maschinenmaat an Bord. Es gab keine Querelen — ohne Ansehen der Religion ...

Wie war es in der Kriegsmarine? Aus einem unter anderem auch an mich als Chef der 4. Zerstörerflottille gerichteten Erlaß aus Berlin: »Lieber möchte ich Erde fressen, als daß meine Enkel in jüdischem Geist und Schmutz erzogen und vergiftet würden.« (Flottenkommando G.Kdos 411/44 vom 29.8.1944)

Kommandant Torpedoboot »G 8«

Der Herbststellenwechsel 1932 brachte mir das von jedem Seeoffizier ersehnte Kommando: Kommandant mit eigenem Wimpel.

Zunächst übernahm ich *T 190* (Baujahr 1906) von meinem Vorgänger, Oberleutnant zur See v. Holleben: »Wissen Sie, es ist alles in Ordnung, Geheimbücher, Bootsmannslast, Menage-Abrechnung, Kantinenbestände, Funkwesen; trinken wir also einen Sherry.« — Ich wäre in den Boden gesunken, hätte ich geantwortet: »Lieber Holleben, Vertrauen ist gut, Kontrolle ist besser.« Solch' wunderbarer Verein war das Offizierkorps der Reichsmarine. — Wir verdienten etwa 210.- DM — ein Viertel dessen, was ein HAPAG-Kapitän verdiente.

Ein Tropfen Wermut floß in den Becher der Freude. Ich sollte Kommandant des Führerbootes der ersten Halbflottille werden, also den Chef an Bord haben. Diese Rolle fiel in der Regel immer dem jüngsten Kommandanten zu. Der Verzicht auf die Kajüte war noch das Wenigste. Schlimmer, daß auf der etwa 5 m breiten Brücke sich nun zwei Energien auswirkten, beide temperamentvoll, engagiert und ausgeprägte Führerpersönlichkeiten — Spannungen konnten kaum ausbleiben. Mein Halbflottillenchef wurde Korvettenkapitän Bütow, wenige Jahre älter als ich: ein nobler, kameradschaftlicher Offizier. Weil er aber die Halbflottille von meinem Boot aus führen mußte, beeinträchtigte er meine Stellung als Kommandant. In der britischen und amerikanischen Marine war dagegen der Flottillenchef zugleich Kommandant des Führerbootes. Nach einem Jahr bat ich Bütow, sich ein anderes Führerboot zu wählen. Er lachte mich aus. Trotz manchen Ärgers waren diese beiden Jahre für mich und meine beiden Crew-Kameraden Godt und Henigst in der Halbflottille eine großartige Zeit. Wir hatten Turbinenboote mit gemischter Kohle-Öl-Feuerung, tadellose Besatzungen, ein übervolles Ausbildungsprogramm, beste Kameradschaft im Offizierkorps, ein gesundes Verhältnis von Offizier zu Mann. Der Dienstbetrieb stand auf einer nie wieder erreichten Höhe. Flottillenchef war der wenig beliebte, aber eminent tüchtige Fregattenkaptän Fricke. Zu meiner Enttäuschung wurde er im Krieg nicht Verbandsführer, sondern Leiter der Operationsabteilung und später Chef des Stabes der Seekriegsleitung in Berlin. Als sein Artilleriereferent in der Torpedobootsflottille verließ ich sein Dienstzimmer stets klüger als beim Betreten.

Höhepunkte waren die Nachtübungen. Ohne Radar suchten wir mit dem Doppelglas den Schatten des Gegners. Kurs und Fahrt schwer auszumachen. Oft ein gefahrvolles Unternehmen. Mir lag dies alles im Blut.

Am 31. Mai 1933, dem Gedenktage der Seeschlacht vor dem Skagerrak 1916, setzten wir die schöne alte kaiserliche Kriegsflagge im Topp und hielten vor der Besatzung eine Ansprache. Mich ärgerte immer das Gerede von einem Siege. Genügte es nicht, wenn die junge deutsche Hochseeflotte den traditionsreichen Briten erfolgreich die Stirn geboten hatte und das bei einem Kräfteverhältnis von 5 : 8? Admiral Scheers Mut und Kaltblütigkeit, vor allem aber den Schlachtkreuzern unter Admiral Hipper gehörten meine größte Bewunderung. Admiral Hansen, mein alter Chef, hatte die Schlacht im Stabe Hippers mitgemacht. Immer wieder hatte ich ihn mit bohrenden Fragen bestürmt. Das Wort Sieg nahm er nie in den Mund. Nebenbei, der größte Seeheld der Neuzeit, Nelson, hatte dem französischen Admiral Latouche-Tréville 1804 vor Toulon die Schlacht verweigert. Warum? Wegen des Kräfteverhältnisses der Linienschiffe von 5 : 8!

In diese alles in allem wunderbare Zeit fiel die Machtübernahme Hitlers. Ich hatte ursprünglich nichts gegen die Sozialdemokraten — mein Vater, ein überzeugter Bismarckianer und Monarchist, hatte wiederholt geäußert, wenn die Hohenzollern weise sind, so wird einer von den Söhnen des Kaisers Sozialdemokrat —, ich schätzte Ebert und Noske und besonders unseren Gesandten in Riga, Köster, der mir bei einem Flottenbesuch imponiert hatte. Aber den Wahlschlager »Panzerkreuzer oder Kinderspeisung« der SPD fand ich infam (obwohl ich kein Freund unserer Panzerschiffe war). Meine damalige Ansicht wagte ich kaum zu bekennen. Nämlich: Solange der Versailler Vertrag Gültigkeit hatte, sollten wir uns nur eine Kreuzerflotte halten und die Artillerie der erlaubten 10 000 t Panzerschiffe als getarnte willkommene Verstärkung für die Armee nutzen. Und Scheidemanns Verrat unserer geheimen Rüstung in Rußland vor dem Reichstag 1926 empfand ich ohne Wenn und Aber als Landesverrat. Daher erfreute mich der Wahlerfolg der NSDAP im Herbst 1930. Ich war für Hindenburg und Brüning, aber als erster letzteren fallen ließ, gestehe ich zu meiner Schande, daß ich für Hitler war und v. Papen, den unbekannten Herrenreiter, ablehnte, während meine Frau und ihr Bruder, später wie ihre Eltern Mitglieder der Bekennenden Kirche, konsequent in ihrer Ablehnung Hitlers waren und blieben. — Die Entfernung der ungeliebten Farben Schwarz-Rot-Gold aus unserer Kriegsflagge fand ich gut.

Mit welchen Gefühlen und Gedanken ich die Machtübernahme selbst begrüßt habe, kann ich heute nicht mehr genau sagen. Ich meine aber, ziemlich sicher positiv. Wenige ahnten, daß die am 30. Januar 1933 zur Gesundung eingenommene Medizin sich bald als tödliches Gift herausstellen würde, unter dessen Wirkung das Reich sich sechs Jahre lang in Qualen wand. Später las ich mit Erschütterung Ludendorffs Brief an Hindenburg vom 1. Februar 1933: »Sie haben durch die Ernennung Hitlers zum Reichskanzler einem der größten Demagogen aller Zeiten unser heiliges deutsches Vaterland ausgeliefert. Ich prophezeie Ihnen feierlich, daß dieser unselige Mann unser Reich in den Abgrund stoßen, unsere Nation in unfaßbares Elend bringen wird, und kommende Geschlechter werden Sie verfluchen in Ihrem Grab, daß Sie das getan haben.«

Bereits im Frühjahr 1933 — nach meiner Erinnerung im April — machte Hitler seinen ersten Besuch bei der Reichswehr, und zwar wählte er die Marine. Auf dem weitläufigen Wiker Kasernenhof traten die Besatzungen in drei Gliedern an, die Mitte blieb frei. Ich stand als Führerbootskommandant am rechten Flügel und konnte sein Erscheinen genau beobachten. In seiner braunen, schlecht geschnittenen Parteiuniform und den derben hohen Stiefeln machte er auf mich keinen Eindruck. Sein Gefolge bestand aus einigen gutaussehenden jungen Leuten. Eine Parfumwolke berührte mich fremdartig. Hitlers Rede war dürftig, was wohl daran lag, daß er ungewohnt ins Leere sprach, die Soldaten standen ca. 60 Meter in Reih' und Glied von ihm entfernt. Ein »Herumschließen« wäre angemessen gewesen.

Später bekamen wir dann die rote Flagge mit dem Hakenkreuz. Mein Crewkamerad Hahn bearbeitete die Flaggenangelegenheiten in der Abteilung Inland. Er erzählte mir, er habe eine Flagge mit weißem Grund vorgeschlagen, ähnlich der alten kaiserlichen Flagge, die Hitler auch akzeptiert hätte. Aber Raeder habe gemeint, Rot sei auf See besser auszumachen.

In Swinemünde erreichte uns die Nachricht von der Röhm-Affäre — als bewußte Geschichtsfälschung »Röhmputsch« genannt. Sie schlug wie eine Bombe ein. Wie konnte das Reich am 30. Juni 1934 am Abgrund stehen, wenn die Reichswehr noch nicht einmal alarmiert worden war? Die Ermordung der Generale v. Schleicher und v. Bredow und die Erschießungen ohne Gerichtsurteil in der Lichterfelder Kadettenanstalt, dem Zuhause meiner Kindheit, haben uns zutiefst beunruhigt.

Hitlers bekannten »Rechenschaftsbericht« am 13. Juli vor dem Reichstag hörten wir durch Radio an Bord auf unserer Sommereise in Örnsköldsvik im Norden Schwedens. Mein Freund Eberhard Godt und ich sagten: »Erstunken und erlogen.« Die ganze Wahrheit allerdings — der Staatschef ein Monstrum und die Reichswehr von einem politischen Schiedsrichter zum Komplizen des Verbrechers abgesunken — wußten wir noch nicht. Aber an eine deutliche Ahnung glaube ich mich zu erinnern. Seitdem war ich ein Gegner des Nationalsozialismus.

Am 2. August starb Hindenburg. Ich befand mich mit *G 8* in den Gewässern zwischen der Oderbank und Rügen, als am 2. oder 3. August ein Funkspruch des Reichswehrministers v. Blomberg einging mit dem Befehl einer Neuvereidigung der Besatzung. Während die Eidesformel der Weimarer Republik den Soldaten zur Treue gegenüber der Reichsverfassung verpflichtete, schwor er jetzt »bei Gott diesen heiligen Eid, daß ich dem Führer des Deutschen Reiches und Volkes, Adolf Hitler, dem Oberbefehlshaber der Wehrmacht, unbedingten Gehorsam leisten und als tapferer Soldat bereit sein will, jederzeit für diesen Eid mein Leben einzusetzen.« Dieser so folgenschwere Text stammte von dem General v. Reichenau, wie ich später erfuhr.

Die Besatzung trat auf der Back an, und ich hielt die dümmste Ansprache meines Lebens. Nur Wochen waren seit der Röhm-Affäre vergangen, ich wich auf die Außenpolitik aus und erinnere mich noch heute. Ich sagte etwa: Wir Deutsche seien unter dem Versailler Vertrag so unfrei wie zu Napoleons Zeiten. Dieser sei zwar ein großer Soldat gewesen, aber auch ein großer Abenteurer. Nach den Siegen bei Austerlitz, Jena und Auerstedt folgten der Brand von Moskau, die Niederlage von Waterloo und das Ende auf St. Helena. Unser Führer dagegen kennt als alter Feldsoldat den Krieg, daher wird er uns nicht in ähnliche Abenteuer stürzen, aber mit Sicherheit die Versailler Fesseln sprengen und Deutschland frei machen.

Wahrscheinlich überforderte ich meine Besatzung, aber jeder verstand: unser Boot war 28 Jahre alt, die dünne Außenhaut durch Rost noch dünner, die zwei 8,8 cm Geschütze mit geringem Gefechtswert, aber immerhin 600 Tonnen groß, während etwaige Neubauten nach dem Versailler Vertrag nur 200 Tonnen haben durften. Ich glaube, meine Besatzung hat mich verstanden.

Nach einem Ausbildungs- und einem Manöverjahr endete dann meine Torpedobootskommandanten-Zeit. Ich erhielt die Eignung zum Halbflottillenchef und zur Marineakademie. Da ein Führergehilfenlehrgang erst 1935 begann, wäre ein Jahr Ausland mir sehr gelegen gekommen.

Aber es sollte eine Überraschung werden, und keine angenehme. Der Herbststellenwechsel brachte meine Versetzung in das Reichswehrministerium und dort in die Abwehrabteilung. Es war damals ein grober Verstoß gegen die guten Sitten, auf sein Kommando Einfluß zu nehmen. Die Personalabteilung entschied und damit basta. — Für Spionage und Abwehr besaß ich keinerlei Eignung; ich vermute, der Grund für meine Kommandierung war die Erwartung, daß ich mich gegen die übermächtige Armee und ihre gewieften Generalstäbler durchsetzen würde. Ich hoffte, nur ein Jahr in diesem unerfreulichen Klima zu bleiben, um dann doch noch Führergehilfe auf der Marineakademie zu werden.

Zu meiner Enttäuschung wurden es drei Jahre. Ich bezog ein schönes Büro mit Sekretärin im alten Reichsmarineamt mit dem Blick auf den Landwehr-Kanal. Außerdem lieh mir mein Heereskollege sein Dienstpferd, auf dem ich täglich vor dem Frühstück eine Stunde im Tiergarten in blauer Uniform ritt.

Das Reichswehrministerium war ein Olymp, bevölkert von den Halbgöttern, wie Bismarck 1870 die Generalstabsoffiziere verärgert nannte. Als gestandener Torpedobootskommandant meinte ich, daß sie mit ihren roten Hosen und silbernen Kragenlitzen auch nur mit Wasser kochten. Das traf dann auch zu.

Mich hatte von Jugend an die Militärpolitik interessiert. Als Clausewitz-Verehrer hatte ich gelesen, wie der Feldherr zum Staatsmann wird, daß der Krieg eine Fortsetzung der Politik mit Einmischung anderer Mitteln sei, daß der Politik das Primat gebühre. In dieser Hinsicht war ich sogar mit meinem Idol Moltke nicht einverstanden, was seine Haltung zu Bismarck vor Paris betrifft.

Wie war nun die politische Landschaft nach meinen Eindrücken in Berlin? In meinen Augen hatte der »Röhmputsch« zwar die Reichswehr von der Konkurrenz der SA befreit, sie aber auch schuldig gemacht. Nie hätte sie die Ermordung der Generale v. Schleicher und v. Bredow hinnehmen dürfen.

Die Meinung meiner Kameraden im Reichswehrministerium war geteilt. Als ich dem Marineadjutanten Blombergs, Korvettenkapitän v. Friedeburg — früher Signaloffizier auf der *Hamburg* — meinen Besuch machte, tadelte er meinen engen Horizont bei der Beurteilung dieser beiden Morde. Zehn Jahre später war das Reich zerstört. Er wählte als letzter Oberbefehlshaber der Kriegsmarine den Freitod.

Bei dem Besuch bei dem damaligen Major (E) Oster entsinne ich mich ganz deutlich seiner Worte: »Wissen sie, daß Sie es zu tun haben mit SS und Sicherheitsdienst, dieser Horde von Verbrechern?« — Bekanntlich war Oster lange Jahre die eigentliche Schlüsselfigur im militärischen Widerstand. Mein Gruppenleiter, Major

d. G. Bamler, war ein fanatischer Nazi, später Artillerie-Inspekteur in der DDR; mein Heereskollege im Referat III, Major Dr. Grobholz, das Gegenteil. Hatten wir Gäste, so kam spätestens nach dem Butterbrot die Rede auf Hitler. Manche sagten: »Wie können sie kritisieren, wenn selbst der Papst, die größte geistige Potenz des Abendlandes, offenbar die Dinge anders beurteilt?« Dann schwiegen wir.

Über meinen Abteilungsleiter, Konteradmiral Canaris, vermochte ich kein klares Bild zu gewinnen. Bei einem Bierabend der Abwehr-Offiziere mit Beamten der Geheimen Staatspolizei — ein Versuch, der nie wiederholt wurde — hatte ich mit meiner Meinung nicht hinter dem Berge gehalten. Ich wurde bei Canaris denunziert, der mich daraufhin zu sich befahl und mir eröffnete: »Noch ein Wort der Kritik an dieser Bewegung, die die Wolken emporträgt in das Sonnenlicht einer wunderbaren Zukunft, und ich werde dafür sorgen, daß Sie aus der Wehrmacht herausfliegen.« Damals war ich deprimiert, heute glaube ich an eine Verstellung zur Tarnung. Auch folgender Fall: Canaris hielt zu dem in die Schweiz emigrierten damaligen Reichskanzler Brüning Kontakt. Donnerwetter, dachte ich. Dann wurde bekannt, daß er Himmler gesagt habe: »Brüning wird Ihnen nicht gefährlich, den beschatte ich.« Über Canaris gibt es einige Biogaphien. Ich habe ihn nicht durchschaut und möchte mich auf die Bemerkung beschränken, daß ich schon damals nichts von dem klugen Jonglieren zwischen Wehrmacht und Partei hielt. M.E. hätte die Wehrmacht und mit ihr die Abwehrabteilung mit offenem Visier den Rechtsstaat ohne Kompromiß vertreten müssen. Hitler hatte damals noch Achtung und Furcht vor uns.

Wie stark unsere Stellung damals noch war, geht aus einer Szene hervor, in der ich telefonisch als Vertreter von Admiral Canaris zu Himmler in das Reichssicherheitshauptamt gerufen wurde. Himmler hatte einen Soldaten wegen Spionageverdachts verhaften lassen und in der Albrechtstraße eingesperrt. Hierfür war er nicht zuständig. Nach einem Wortwechsel Auge in Auge gab Himmler nach. Triumphierend holte ich den Soldaten aus dem Keller und übergab ihn dem militärischen Gewahrsam des Wehrkreises. Als ich am nächsten Morgen die Angelegenheit meinem als nazifreundlich bekannten Chef des Wehrmachtamtes, General v. Reichenau meldete, dem auch die Abwehrabteilung unterstand, erhielt ich statt des erwarteten Anpfiffs eine Anerkennung.

Der Reichswehrminister und Oberbefehlshaber der Wehrmacht, General v. Blomberg, galt als nazifreundlich, der Oberbefehlshaber des Heeres, Generaloberst v. Fritsch, und der Chef des Generalstabes, Generaloberst Beck, traten ihm mit großen Vorbehalten gegenüber. In meiner Dienststellung hatte ich Gelegenheit, Generale in den wichtigsten Positionen der Wehrmacht kennenzulernen — Blomberg, Fritsch, Beck, Reichenau, Keitel, Jodl, Manstein, Warlimont, Zeitzler. Zum Teil begegnete ich ihnen bei meinem täglichen Morgenritt im Tiergarten.

In diese Zeit fiel auch die bekannteste Spionagegeschichte, nämlich der Prozeß gegen den polnischen Spion Rittmeister Sosnowski und gegen die drei adligen Sekretärinnen im Reichskriegsministerium. Letztere hatten unsere in Rußland betriebene, geheime Aufrüstung jahrelang verraten. Ich war in dem Prozeß vor dem Volksgerichtshof stellvertretender Sachverständiger. Vorher hatte ich die Aktenordner durchgesehen, um ein Urteil über den Umfang des ausgelieferten Materials zu gewinnen — eine trübselige Tätigkeit im Vergleich zu meiner Kommandantenzeit. Später tauschte ich Sosnowski gegen zehn deutsche Spione an der polnischen Grenze aus. — Eine große Rolle spielte damals bereits Heydrich, den ich aus unserer gemeinsamen Zeit beim Stationskommando in Kiel gut kannte. Da wir die beiden Subalternoffiziere im Stab waren, schuf das schon eine Verbindung. Er war ein intelligenter, willensstarker Mann, nicht gerade beliebt, aber doch anerkannt. Wir besuchten uns häufig abends in unseren möblierten Zimmern. Später hatte er eine belanglose Affäre mit einem enttäuschten Mädchen, dessen Vater sich an Raeder wandte. Dieser ließ ein Ehrengerichtsverfahren einleiten, das mit der Empfehlung endete, Heydrich aus der Marine zu entlassen. Raeder warf Heydrich wegen einer Bagatelle aus der Marine hinaus, zeigte aber weniger Entschlossenheit, als unser Rechtsstaat zugrunde ging.

Meine Aufgabe war der Geheimschutz der Marine — wir bauten verbotene U-Boote in Kiel, deren Hellinge wir durch große Planen dem öffentlichen Auge versteckten, ein recht lächerliches Unterfangen —, im übrigen erarbeitete ich eine neue Verschlußsachen-Vorschrift, fungierte als Sachverständiger bei dem Volksgerichtshof und den Militärgerichten und durfte keine Filme zulassen, die reiche Spione mit schönen Frauen und Champagner zeigten. An eine Begebenheit erinnere ich mich. Ich hatte einen französischen Film verboten, der eben diese Dreieinigkeit in leuchtenden Farben ausmalte. Der französische Botschafter, François-Poncet, sprach Blomberg daraufhin an, weil der Film große Kosten verursacht habe. Daraufhin sah Blomberg sich mit mir den Film in Goebbels Privatkino an. Blomberg entschied: »Lassen wir diesen Film laufen, der sich um Liebe dreht. Und Liebe soll man nicht verbieten.« Ich ahnte damals nicht, daß Blombergs Liebe zu einer Prostituierten das Staatsschiff seiner Stabilität berauben sollte.

Ich zog auch zwei Gewinne: in Kiel einen Lehrgang für schwere Artillerie — den für die mittlere Artillerie hatte ich bereits absolviert — und eine mehrmonatige Teilnahme am Spanischen Bürgerkrieg. Im übrigen war der beste Schüler auf dem Artillerie-Lehrgang Kapitänleutnant Schneider, der dann wenige Jahre später als Artillerie-Offizier der *Bismarck* die *Hood* versenkte.

Ich war damals der Meinung, ein Offizier müsse im Frieden jede Möglichkeit, einen Krieg zu erleben, beim Schopf ergreifen. So überredete ich meinen Gruppenleiter auf einem Fest nach Mitternacht, mich nach Spanien zu entsenden. Canaris stimmte wenig begeistert zu.

Am 10. Juli 1937 verließ ich Berlin mit falschem Namen und falschem Paß und flog über Rom nach Sevilla mit einer Ju 52. In Spanien sollte ich die Sabotage- und Spionage-Abwehr der Legion Condor leiten. Ich führte den stolzen Titel eines »Standortältesten von Salamanca«. Ich ließ mir eine sehr kleidsame Khaki-Uniform schneidern mit dem Rangabzeichen eines Teniente-Colonel, also ein Dienstgrad höher als in Deutschland. Die militärische Lage war etwa ausgeglichen. Francos Versuch, Madrid zu erobern, war im November 1936 gescheitert. Aber Toledo und Malaga im Süden sowie Irun und San Sebastian im Norden waren von Francos Truppen besetzt. Meiner mir übertragenen Tätigkeit widmete ich bestenfalls meine halbe Kraft. Wichtiger war mir der Besuch an der Front.

Hier beobachtete ich »rote« Panzer, die Feuerkraft moderner Maschinengewehre, nahm an den Lagebesprechungen der Front-Kommandos teil, lernte Land und Leute kennen, erlebte die Reibungen zwischen den Verbündeten (Spaniern, Italienern und Deutschen). Besonders bewunderte ich den deutschen Militärattaché, Oberst d. G. Frhr. v. Funck, der mich vertrauensvoll einen Blick hinter die Kulissen werfen ließ.

Generalmajor Sperrle, der Kommandeur der Legion, wirkte nicht gerade überzeugend, aber sein 1. Generalstabsoffizier, Oberstleutnant d. G. Frhr. v. Richthofen, war ein Könner und Krieger. Er war ein tüchtiger und intelligenter Offizier. Seinen General behandelte er mit offen zur Schau getragener Geringschätzung, wahrte gerade noch die militärische Höflichkeit, war aber die Seele des Unternehmens. Später wurde Sperrle Generalfeldmarschall.

Bei dem Versuch, Madrid zu nehmen, hatten die Italiener, deren Kräfte auf 60 000 bis 80 000 Mann zu veranschlagen waren, eine empfindliche Schlappe erlitten. Bedenklich waren vor allem die Umstände. Als die italienische Infanterie überraschend ins Feuer geriet, zog sie sich panikartig zurück. Die Offiziere verloren teilweise den Kopf. Augenzeugen berichteten, daß sich junge Offiziere weinend auf die Erde geworfen hätten. Die italienischen Truppen machten keinen guten Eindruck, im Gegensatz zu den bescheiden und unmilitärisch wirkenden, indes tapfer kämpfenden spanischen Soldaten. In gutem Ansehen standen die Deutschen. In dem Völkergemisch auf der Plaza Major in Salamanca fielen sie durch ihr Aussehen, ihre Gestalt und ihre Haltung auf.

Ich machte Generalmajor Sperrle meinen Besuch. Ihm unterstanden 3 Staffeln Bomber, 3 Staffeln Jäger, 6 Batterien Flak, Nachrichtentruppen, Flugabwehr- und Panzerabwehreinheiten sowie 32 Panzer. Sperrles Residenz lag etwa 40 km hinter der Front in einem Haus, das zunächst den Anschein eines alten Herzogschlosses erweckte, sich dann aber als im Burgenstil nachgebaut entpuppte. In der Halle mit vielen schönen alten Möbeln und Gemälden saß der Gewaltige in einem großen Armstuhl, das Einglas im ausdruckslosen Gesicht, in prächtiger spanischer Uniform, umgeben von seiner Hofhaltung, bestehend aus seinem Stab, Dolmetschern, Verbindungsoffizieren. Mit dröhnender Stimme begrüßte er mich und begann sogleich mit bildhaften Worten auf alles Mögliche zu schimpfen: auf den Krieg, auf die Spanier, auf die Italiener, auf den deutschen Botschafter bei der nationalspanischen Regierung, General a.D. Faupel. Letzterer war sein besonderes Ärgernis. Die Beziehungen zwischen Sperrle und Faupel hatten so gut wie aufgehört.

Bei dem Besuch bei Sperrle glaubte man, einen Obristen aus Wallensteins Lager, einen Landsknechtsführer, vor sich zu haben. Schauspielerei und Göring-Imitation waren unübersehbar. Die Pläne, Aussichten, Einzelheiten der geplanten Gegenoffensive wurden fast öffentlich besprochen, wobei an den Plänen des spanischen Generalstabes nichts Gutes gelassen wurde. Später kam der deutsche Militärattaché, Oberst d. G. Frhr. v. Funck dazu. Dieser beherrschte, kluge, schlanke Weltmann stand schon äußerlich zu dem cholerischen Dicken in Kontrast. Er war Sperrle nicht unterstellt und sprach überlegen und souverän.

Am Nachmittag fuhr ich auf den Gefechtsstand, der unter einem langsamen und wirkungslosen Feuer lag. Bei der großen Hitze lag über dem ganzen Operationsgebiet eine gewisse Müdigkeit.

Noch ein Wort über Salamanca. Ich führte ja den stolzen Titel »Standortältester von Salamanca«. Die Plaza Major war einer der schönsten Plätze der Welt, in reinem Renaissance-Stil erbaut. Bei offiziellen Anlässen, wie der Überreichung von Beglaubigungsschreiben, war auf der Plaza großer Trubel. Francos marokkanische Leibwache auf edlen Berberhengsten und in fantastischen, farbenfreudigen Uniformen beherrschte das Bild. Wir deutschen Offiziere standen dann zusammen auf dem Balkon mit dem deutschen Botschafter.

Es wäre noch viel zu erzählen, von den Reisen, von Granada, wo der Wirt meines Hotels »Washington« jedwede Vollmondnacht hinauf ging, um Granada im Märchenlicht zu bewundern, von General Munoz Grande, diesem fast preußisch anmutenden hervorragenden General (im Rußlandfeldzug Führer der spanischen Division, später Kriegsminister), aber meine Erinnerungen dürfen nicht ausufern.

Mein Abschied wurde mir nicht leicht: Die Landschaft mit ihren Kontrasten, der Krieg mit seiner Großzügigkeit, mein guter Kriegssold. Unvergeßlich die braune Erde Altkastiliens beim Sonnenuntergang, der Dom in Burgos, die Farbenpracht Andalusiens, der bayerischen Gebirgscharakter Asturiens, die Architektur. Eins aber hatte Spanien nicht: den deutschen Wald.

Franco selbst habe ich nicht kennengelernt. Er galt als Mann mit gesundem Menschenverstand und nüchternem Urteil. Anders als Mussolini widerstand er der Versuchung, sich nach der Niederlage Frankreichs auf die deutsche Seite zu schlagen. Es wurde gesagt, daß er von Canaris vor Hitler gewarnt worden sei und daß er aus Dankbarkeit der Witwe Canaris' viel Gutes habe zukommen lassen.

Am 31. Oktober 1937 fuhr ich nach Gibraltar, wohnte im typisch englischen Hotel Rock, besuchte natürlich den Trafalgar-Friedhof mit den Inschriften der in der weltgeschichtlichen Seeschlacht Gefallenen. Stieg auf der *Vulkania* ein, auf der ich zwei italienische Seeoffiziere traf, mit denen ich mich sofort gut verstand. Über Algier, Palermo ging es nach Neapel. Mit der Bahn weiter über Pompeji und Rom nach Berlin. Eine militärisch wertvolle, persönlich bereichernde Zeit war beendet. Nicht lange, und ich besuchte Spanien nicht mit falschem Namen und Paß, sondern als Befehlshaber eines Teiles der bewaffneten Macht des Reiches, wie es in der Marinedienstvorschrift »Dienst an Bord« hieß.

Das Fazit: Meine drei Jahre in Berlin fielen in die Zeit der gigantischen Aufrüstung. Täglich flatterten auf meinen Tisch die Befehle über Aufstellung neuer Regimenter, Schulen, Stäbe ... alles ging etwas hastig zu. Die zahlenmäßige Vergrößerung der Wehrmacht fiel aber nicht zusammen mit einer Vermehrung ihres Ansehens im Lande. Die Nachrichtenoffiziere der Divisionen berichteten uns fast täglich von Übergriffen der Parteidienststellen und SS-Formationen. Nachgiebig und widerwillig von der Wehrmacht zur Kenntnis genommen, wich diese Schritt für Schritt vor diesen Übergriffen zurück: in meinem Bereich waren es insbesondere Abwehrchef Admiral Canaris und später der Chef des Oberkommandos der Wehrmacht, General Keitel, die vor der Geheimen Staatspolizei und dem Sicherheitsdienst — sprich: vor Himmler und Heydrich zurückwichen. Ich verließ Berlin mit trüben Zukunftsahnungen.

Oster fand ich jetzt als Chef des Stabes im Vorzimmer von Canaris vor. Mir ging ein Licht auf. Mich wundert es noch heute, daß weder er noch Major i.G. Groscurth als überzeugte und tätige Offiziere des militärischen Widerstandes an mich herangetreten sind.

Bei meiner Abmeldung beim Oberbefehlshaber der Kriegsmarine trug ich besonders meine spanischen Erfahrungen über die Italiener und ihren mangelnden Kampfgeist vor. Ich erhielt eine Anerkennung und ein Foto von Raeder. Aber es gab auch einen Mißton. Der Oberbefehlshaber fragte mich, wie ich in der Abwehrabteilung mit den Offizieren des Generalstabes klargekommen sei, worauf ich auf Schwierigkeiten hinwies. Raeder meinte, dies verstehe er nicht, mein Abteilungsleiter sei doch schließlich Admiral gewesen. Die Folge war ein Brief von Admiral Canaris an mich, in dem es hieß, ich hätte ihn beim Oberbefehlshaber der Kriegsmarine denunziert. Verständlicherweise war ich über Raeder verärgert.

Ein Lichtblick war die Aussicht auf das Kommando über einen unserer neuen Zerstörer.

Der aussichtslose Krieg

Kommandant Zerstörer »Erich Steinbrinck«

Die Position des Kommandanten eines unserer neuen Zerstörer war damals eine erstrebenswerte Dienststellung. Im Herbst 1937 waren weitere drei Zerstörer fast fertiggestellt. Kommandanten wurden außer mir Hitlers Adjutant, Korvettenkapitän v. Puttkamer, und der Referent im Marinepersonalamt, Fregattenkapitän v. Pufendorf. Ich befand mich nun auf der Höhe meiner Marinelaufbahn: gut aus- und vorgebildet in der Praxis, der Seefahrt, der Artillerie, der Taktik, aber auch durch Entwicklung meines Urteilsvermögens während der Verwendung in höheren Stäben. Die neuen Zerstörer hatten mit ihrer unerprobten Hochdruckheißdampfanlage erhebliche Fertigstellungsverzögerungen. Die bereitgestellten Besatzungen wurden zu einer Ausbildungsabteilung der 3. und 5. Zerstörerflottille zusammengefaßt, deren Kommandeur ich wurde. Der Dienst bestand in Boots-, Signal- und Exerzierdienst. Es war eine angenehme und ruhige Zeit für mich.

In den ersten Februar-Tagen 1938 brachte die Morgenzeitung die Nachricht über die Blomberg-Fritsch-Affäre und die Entlassung der beiden Generale. Hitler selbst übernahm den Oberbefehl, Ribbentrop wurde Außenminister. Mir war klar, daß die Säule der Wehrmacht geborsten war, und daß das Dritte Reich jetzt nur noch auf der Säule der Partei ruhte. Verzweifelt ging ich zu meinem Vorgesetzten, Konteradmiral Lütjens, und bat ihn um eine Aussprache. Lütjens ging an das Fenster und zeigte auf die Matrosen, die gerade das Grüßen durch Anlegen der rechten Hand an die Kopfbedeckung übten. Er meinte, ich solle mir nicht um Dinge Sorgen machen, die mich nichts angingen, sondern mich um meinen mir aufgetragenen

Dienst kümmern. Als er dann kurze Zeit danach meine Personalpapiere abschloß, vermerkte er wörtlich: »Etwas weich und empfindsam veranlagt, neigt dazu, die Dinge schlimmer zu sehen, als sie wirklich sind.« Hier irrte Lütjens. Nach dem einhelligen Urteil der Historiker war die Gleichschaltung der Wehrmacht im Februar 1938 die Freigabe des Weges in den Krieg und damit in den Untergang Deutschlands mit dem Tod von 50 Millionen Menschen.

Ganz anders war, wie ich später erfuhr, das Verhalten des Generals v. Witzleben zur selben Stunde: v. Tresckow verabredete mit Graf Baudissin, sofort den Abschied zu verlangen, und Baudissin erinnerte sich später: Wir einigten uns sehr schnell, daß wir uns dem General v. Witzleben, dem Kommandierenden General des III. Armeekorps, anvertrauen wollten.

Wir kamen in sein Dienstzimmer, wo er uns sehr kameradschaftlich empfing. Er hörte uns an, sehr still, ohne eine Reaktion zu zeigen. Dann fragte er uns, ob wir eigentlich gewillt seien, gegebenenfalls Widerstand zu leisten. Als wir das uneingeschränkt bejahten, sagte er mit Betonung, dann müsse er uns bitten, weiter aktiv zu bleiben. Generalmajor v. Tresckow setzte am 21. Juli 1944 als Widerstandskämpfer seinem Leben ein Ende.

Wie aber erklärt sich Lütjens Haltung? Ich schließe aus, daß er mir bewußt weh tun wollte, obwohl es auf der Hand lag, daß ich mit einer solchen Konduite zum Zerstörerkommandanten ungeeignet war. Ich meine, es waren zwei Motive:

Erstens hatte der nach seinen eigenen Worten autoritär führende Admiral Raeder das Offizierkorps weitgehend zu Befehlsempfängern erzogen. Hierzu ein Beispiel: Bei einer Besprechung einer bevorstehenden Handelskriegsunternehmung fragte ich, warum unsere Konterbandeliste zwar Lastkraftwagen, aber keine Eisenbahnwaggons enthielt. Anstatt bei der Rechtsabteilung in Berlin nachfragen zu lassen, schnitt Lütjens mir das Wort ab und verbat sich jede Kritik an Erlassen der höheren Führung.

Lütjens führte die *Bismarck*-Unternehmung befehlsgemäß durch — mit dem bekannten tragischen Resultat. Er gehorche, was immer auch passiere, hatte er vor dem Auslaufen seinem Vorgänger als Flottenchef, Admiral Marschall, gesagt.

Zweitens kreiste Raeders ganzes Denken ausschließlich um die Marine, die er persönlich zu verkörpern beanspruchte. Für ihn war die Blomberg-Fritsch-Affäre eine Heeresangelegenheit, für die Marine insofern günstig, daß er nun ohne Zwischenschaltung eines Ministers mit Hitler unmittelbar verkehren konnte; das hatte er uns gesagt.

Auch hatte er keine Bedenken, im Ehrenrat Generaloberst Fritsch verfängliche Fragen zu stellen, wie mir mein Kamerad in der Abwehrabteilung, der spätere General Oster, die Seele des militärischen Widerstandes vor Stauffenberg, erzählte. »Ich kann Ihre blaue Uniform nicht mehr sehen,« sagte Oster zu mir. Im April 1945 wurden Canaris und Oster im Konzentrationslager exekutiert.

Beim Anschluß Österreichs im Frühjahr 1938 war ich mit meiner Frau auf Urlaub im Riesengebirge. Wir hörten auf unserer Baude Hitlers Rede auf dem Heldenplatz in Wien. Wir waren entsetzt und erschüttert. Nach der Rückkehr nach Swinemünde empfing mich strahlend mein Adjutant, Oberleutnant zur See Obermaier, später Vizeadmiral in der Bundesmarine:»Was sagen Sie jetzt, Herr Kapitän?« Meine Antwort: »Der Mann gibt keine Ruhe.«

Am 8. Juni 1938 war es soweit: In Hamburg, in der Werft von Blohm & Voss, hißte ich Flagge und Wimpel auf meinem Zerstörer, nicht ahnend, daß ich nach eineinhalb Jahren mit ihm gegen England fahren würde. Mein Divisionschef war Fregattenkapitän Bey, mein Flottillenchef Kapitän zur See Meisel, mein Flottenchef Vizeadmiral Boehm. Unsere neuen Zerstörer waren schmucke Schiffe, knapp 3 000 Tonnen groß: zehn Offiziere, 350 Mann Besatzung, fünf 12,7 cm Geschütze, zwei Vierlingstorpedorohre, auch eingerichtet zum Legen von Minen und Werfen von Wasserbomben. Sechs Kessel gaben ihnen die hohe Geschwindigkeit von ca. 34 Knoten. Sie lagen gut in der See und waren, von technischen Kinderkrankheiten abgesehen, wundervolle Schiffe. Es folgte die Ausbildung in gewohnter Weise methodisch, schonungslos und auf hohem Niveau. Fahrübungen, Artillerie- und Torpedoschießübungen, einzeln, in der Flottille, im Flottenverband. Vizeadmiral Boehm, mit gründlicher Schulung im Krieg und Frieden war der beste Lehrmeister mit unbestrittener Autorität. Ich mochte ihn.

Erwähnen möchte ich noch die Erleichterung, als mich Herbst 1938 Friedrich Kothe anrief, um mir zu sagen, daß es keinen Krieg gebe, daß in München eine Konferenz der betroffenen Staatsmänner stattfinde. Wenige Wochen danach kam die sogenannte Reichskristallnacht. Meine Frau holte mich nach dem Dienst ab, und wir gingen auf dem Nachhauseweg an dem demolierten jüdischen Friedhof vorbei. Sie deutete auf meine Uniform und sagte: »Wenn Du das nicht mitmachen willst: ich gehe mit Dir, wohin Du willst.« Ich machte mit!

Hätte ich damals meinen Abschied eingereicht, stünde ich heute vor mir besser da. Aber, um eine Ausrede nie verlegen: Das Reich war im großartigen Aufblühen, das Versailler Diktat war hinfällig geworden. Waren die Exzesse doch nur eine Übergangserscheinung? Nahmen spanische Offiziere ihren Abschied nach den Greueln der Inquisition unter Philipp II., französische nach der Bartholomäusnacht der Katharina von Medici? Nach Kriegsausbruch war es natürlich zu spät.

Als Chamberlain kurz nach dem Münchener Abkommen 1938 ein Aufrüstungsprogramm verkündete, reagierte Hitler scharf in seiner Rede in Saarbrücken. Ein neuer Schiffbauplan mit der Spitze gegen England war die Folge, der sogenannte

Z-Plan mit Vorrang vor Heer und Luftwaffe. Raeder war damals bereits zehn Jahre im Amt. Er hätte m.E. als Autorität für alle die Seemacht betreffenden Fragen mit Einsatz seiner Person bis zur Bereitschaft zum Rücktritt Hitler vor diesem Irrweg seiner auswärtigen Politik warnen müssen. Davon ist nichts bekannt. Vielmehr verkündigte er ein Mammut-Schiffbau-Programm mit gehobenem Selbstgefühl.

Es würde den Rahmen meiner Erinnerungen sprengen, auf Hitlers Politik gegen England nach dem Münchner Abkommen einzugehen. Nur soviel: Hätte die Schmach der Auslieferung der intakten Hochseeflotte 1919 Raeder bis ins Innerste getroffen, so hätte er als Seestratege sagen müssen: Niemals wieder gegen England! Kein riesiger Schiffbauplan (Z-Plan), keine Kündigung des Flottenabkommens, eher Rücktritt. Dies ist keine Weisheit hinterher. Als Raeder uns im Winter 1938/39 seinen Schiffbau-Plan verkündete, stieß der neben mir sitzende Eberhard Godt mir in die Rippen, und wir sahen uns verständnislos an.

Der Z-Plan sah vor: 10 Schlachtschiffe, 15 Panzerschiffe, 8 Flugzeugträger, 5 Schwere und 24 Leichte Kreuzer, 70 Zerstörer, 78 Torpedoboote und 249 U-Boote. Dies alles sollte in 6 Jahren fertiggestellt werden und allen anderen Rüstungs-, Exportaufgaben usw. vorangehen.

So verlief das erste Jahr als glücklicher Zerstörerkommandant. Im April 1939 gingen wir mit der Flotte in die Biscaya und zur Erholung in die westlichen und östlichen spanischen Häfen. Beim Passieren der Enge Dover–Calais übten gerade englische Sturzkampfflugzeuge. Als sie uns erblickten, hielten sie uns für ein willkommenes Ziel und flogen uns an. Wir auf der Brücke lobten oder tadelten durch Handzeichen ihren Anflug. So gut und kameradschaftlich war wenige Monate vor dem Krieg das Verhältnis beider Marinen.

In der Biscaya passierten wir eine Kraft-durch-Freude-Flotte, die die Legion Condor wieder in die Heimat brachte. Sie war für uns ein willkommenes Objekt zur Übung der berühmten Torpedoboots-Durchbrüche durch die eigene Linie. Der Spanische Bürgerkrieg war nun dank deutscher Mithilfe siegreich beendet worden. Nun sollte der Preis zwischen Göring und Franco ausgehandelt werden. Wir wünschten Stützpunkte für unsere U-Boote im Fall eines Krieges in bestimmten Häfen der spanischen Halbinsel. Göring weilte in San Remo an der italienischen Riviera. Er wollte sich mit Franco auf dem Hapag-Schiff *Huascaran* treffen. Zwei Zerstörer sollten ihn begleiten. Hierfür wurden *Erich Steinbrinck* und *Friedrich Ihn* bestimmt. Dieser Auftrag war ganz in unserem Sinne. Die Zeit im Mittelmeer wurde verlängert, und interessant würde es auch werden. Pufendorf und ich wurden detachiert und fuhren unter Begleitung eines Tankers nach Genua, weiter mit dem Wagen zu Göring nach San Remo. Dort besprachen wir mit ihm und seinem Staatssekretär Körner alles Erforderliche.

Am nächsten Morgen erfolgte die Einschiffung an einem kümmerlichen Steg. Göring kam mit großem Gefolge und viel Gepäck auf die *Huascaran*, die mit unserer Hilfe Kurs West auf die Balearen nahm. Dort warteten wir vergeblich auf Franco. Dieser hatte sich die Sache anders überlegt und fand immer neue Gründe für sein Fernbleiben. Wir ankerten und waren abends immer Görings Gäste. Als wir über die Störanfälligkeit unserer Boote klagten, sagte er: »Ihre Klagen über die technischen Mängel sind begründet. Da wir alles erreicht haben, war wir wollen — Danzig kommt früher oder später dazu — wären wir von allen guten Geistern verlassen, einen Krieg zu beginnen. Falls sich die Lage zuspitzt, schickt mich Hitler nach London, der Ribbentrop ist bekanntlich zu dumm«. Damals glaubte ich, dies sei Görings ehrliche Meinung; daß er log, wäre mir unvorstellbar gewesen. Seine Erscheinung war eindrucksvoll: große blaue Augen, grobes, aber gut geschnittenes Gesicht, massive, imponierende Gestalt, kleine kurze Finger. Als er zu mir an Bord kam und die angetretene Front der Besatzung abschritt, sah ich meine Männer strahlen wie nie zuvor. Er besaß ein ausgesprochenes Charisma. Im allgemeinen saßen wir nach dem Abendessen auf der Schanze der *Huascaran*, er in einen weißen Mantel gehüllt, bei einer vorzüglichen Erdbeerbowle. Plötzlich war er verschwunden. Wo war er? Mit einer großen Bowlenschüssel im Heizraum bei der Maschinenwache, wo der Hafenkessel in Betrieb war.

Endlich traf der letzte Kommandeur der Legion Condor, Generalmajor Freiherr v. Richthofen, ein. Er meldete uns, daß mit einer Zusammenkunft mit Franco nicht mehr zu rechnen sei.

Wir setzten Göring in Genua ab. Ein silbernes Zigarettenetui, auf dem außen das Großdeutsche Reich in seiner größten Ausdehnung 1939 eingraviert war und innen Görings Name, erinnert mich noch heute an diese Tage.

Nach der Entlassung durch Göring lagen *Erich Steinbrinck* und *Friedrich Ihn* noch einige Tage in Livorno, wo wir die italienische Marineakademie besichtigten — ein eindrucksvolles Gebäude, an den Wänden der Hörsäle Sprüche von Leonardo da Vinci und Michelangelo. Absurder Gedanke: in deutschen Kasernen Zitate von Goethe und Schiller. Zufällig war auch der italienische Kronprinz Umberto in Livorno. Wir beiden Kommandanten wurden eingeladen, mit ihm von einem Balkon aus die jubelnde Volksmenge zu sehen und zu hören.

Danach fand ein Empfang bei Umberto statt, bevor wir mittags in See gehen wollten. Auf diesem Empfang geschah etwas, was ich später in ähnlichen Fällen als Ankläger beim Seeamt nie entschuldigen sollte. Ich trank einige Gläser Champagner, eine unverzeihliche Todsünde eines Kommandanten, mit dem Erfolg eines schneidigen, ganz unseemännischen Ablegemanövers, wobei ich unter starkem Getöse, Flammen und Rauch die Relingstützen und einiges mehr des innen liegenden *Friedrich Ihn* abrasierte. Klar, ich war tief deprimiert. Später hörte ich dann, daß die große Zuschauermenge staunend gesagt hätte:»Was müssen das erst im Krieg für tolle Zerstörerkommandanten sein, wenn sie schon im Frieden solche Entschlossenheit zeigen!«

Zur gefürchteten jährlichen Gefechtsbesichtigung durch den Flottillenchef kamen wir nun nicht mehr rechtzeitig nach Swinemünde. Da wir der Lage nicht trauten, lag uns an einer Kontrolle unserer Ausbildung und wir baten, die Besichtigung auf der Heimfahrt von Saßnitz aus vorzunehmen. Kapitän zur See Meisel lehnte ab, die Zerstörer könnten nach dem langen Seetörn nicht die erforderliche Reinlichkeit in Farbe usw. haben. So Ende Mai des Schicksaljahres 1939!

Im Juni fand eine Siegesparade der Legion Condor statt, an der ich als ehemaliger »Spanienkämpfer« teilnahm. Wir marschierten durch den mittleren Bogen des Brandenburger Tors durch die »Unter den Linden« zum Lustgarten, wo uns Hitler, Göring und Ribbentrop empfingen. So bin ich doch einmal als Sieger in Berlin einmarschiert, geschmückt mit einem deutschen und einem spanischen Orden. Bitte sehr! — Währenddessen riß der Strom der Truppentransporter von Swinemünde nach Pillau nicht ab. Die Polenkrise begann.

Was meine eigene Lage bei Ausbruch des Kriegs angeht, so fühlte ich mich jeder vernünftigen Aufgabe gewachsen. Sowohl taktisch als auch seemännisch: ich war langjähriger Kommandant von Minensuchbooten, Torpedobooten und Zerstörern gewesen; außerdem 2. Artillerieoffizier auf einem Kreuzer. Militärpolitisch geschult in drei Jahren Reichswehrministerium und im Bürger- und Koalitionskrieg in Spanien. Operativ war ich durch Kriegsspiele aller Art und durch intensive historische Studien geschult. Den Seekrieg auf dem Atlantik — Über- und Unterwasser — betrachtete ich skeptisch.

Am 25. August 1939 erhielten wir den Befehl für den Angriff auf Polen. Wir waren von dem Befehlshaber der Aufklärungsstreitkräfte, Vizeadmiral Densch, dem auch die Zerstörer unterstanden, über eine Besprechung der Oberbefehlshaber der Wehrmachtteile und ihrer Chefs der Stäbe auf dem Obersalzberg am 22. August 1939 unterrichtet worden. Hier hatte Hitler seinen Entschluß zum Krieg mit Polen bekannt gegeben mit der Versicherung, die Westmächte würden wegen unserer Rückendeckung durch Rußland nicht eingreifen.

Der Angriffsbefehl wurde einige Stunden später wieder aufgehoben, und zwar — wie ich in meinem Kriegstagebuch richtig vermutete — vor allem wegen der Festigkeit der britischen Garantie für Polen und der Zweifel an Mussolinis Vertragstreue. Ein Zipfel des Mantels Gottes rauschte durch die Zeit. Doch Hitler ergriff ihn nicht, sondern ließ das Deutsche Reich ausbluten und sterben.

Am 31. August 1939 kam dann der endgültige Angriffsbefehl für den Morgen des

1. September. In dieser weltgeschichtlichen Woche haben sich weder der Oberbefehlshaber des Heeres noch der Oberbefehlshaber der Marine bei Hitler melden lassen. Ersterer inspizierte den Westwall, letzterer die Marine in Swinemünde. Der Reichsaußenminister, v. Ribbentrop, führte das große Wort. Als ich der Besatzung den Befehl »Weiß« bekanntgab, erlebte ich zum ersten und einzigen Mal die Wahrheit der Redensart: »Mir bleibt die Spucke weg.« Mein Mund wurde so trocken, daß ich nur mit Mühe sprechen konnte. Nach einigen Minuten hatte ich mich gefangen und versuchte — ich glaube mit Erfolg —, Vertrauen und Zuversicht zu verbreiten. Abgesehen von der kurzen Zeit während des Frankreichfeldzuges glaubte ich an keinen Sieg, Weihnachten 1941, nach dem Rückschlag vor Moskau, fürchtete ich unsere Niederlage. Daher mein Wunsch, wenn schon Krieg, dann nur an der Front, an Bord. Der Absicht, mir die Ausbildung der Zerstörer in der Heimat zu übertragen und mich später nach Rom zum Deutschen Marinekommando zu entsenden, widersprach ich mit Erfolg.

Als England am 3. September den Krieg erklärte, schrieb Raeder eigenhändig in das KTB der Seekriegsleitung: »Die Überwasserstreitkräfte sind aber noch so gering an Zahl und Stärke gegenüber der englischen Flotte, daß sie — vollen Einsatz vorausgesetzt — nur zeigen können, daß sie mit Anstand zu sterben verstehen und damit die Grundlage für einen späteren Wiederaufbau zu schaffen gewillt sind.«

Ähnliches ist mir aus der Geschichte nicht bekannt. Der Ob.d.M. hat die Katastrophe richtig vorausgesehen. Schwer verständlich, daß er offenbar nicht gewarnt hatte, auch wenn er dadurch in Ungnade gefallen wäre. Im November 1937 (vgl. Hoßbach-Protokoll) hatte Hitler im kleinsten Kreis seine Absicht bekannt gegeben, die deutsche Frage mit Gewalt zu lösen. Während Neurath, Blomberg und Fritsch Bedenken geltend machten und ihrer Ämter drei Monate später verlustig gingen, schwieg Raeder. Er behielt seine Stellung noch sechs Jahre. Es folgten Z-Plan, Kündigung des Flottenabkommens, Krieg.

Wir an der Front müssen eine Ahnung gehabt haben. Mein Freund Schemmel, Kommandant des Zerstörers *Friedrich Eckoldt*, pflegte bei der Rückkehr von den waghalsigen Minenunternehmungen zu sagen: »Was werden die in Berlin sich ärgern, daß wir wieder zurückgekommen sind.« Morituri te salutant.

Wie sehr Raeder im Wehrmachtteildenken befangen war, geht auch aus der Schrift des Marineadjutanten v. Puttkamer hervor. Er schreibt: »Nachdem der Krieg ausgebrochen war, äußerte Raeder im kleineren Kreis, daß er zwar Hitler und das Oberkommando der Wehrmacht über seine allgemeinen Ansichten und Absichten die Seekriegsführung betreffend unterrichten, im übrigen aber als Chef der Seekriegsleitung alle Unternehmungen der Flotte selbst anordnen und die Verantwortung für sie übernehmen würde.« In meinen Augen war dies eine schlimme Wiederholung der Versäumnisse von 1914 mit denselben katastrophalen Folgen.

Das Kräfteverhältnis der Seestreitkräfte sah wie folgt aus:

	deutsch	britisch	französisch
Schlachtschiffe	—	12	—
Schlachtkreuzer	2	3	7
Panzerschiffe	3*	—	—
Flugzeugträger	—	9	2
Schwere Kreuzer	1	15	19
Leichte Kreuzer	6	49	19
Zerstörer	22**	184	59
Torpedoboote	20	—	12
U—Boote	57	58	77

* = 10 000 t; Kompromiß nach dem Versailler Diktat
** = mit störanfälligen, unerprobten Maschinenanlagen

Besonders deutlich wird die Unterlegenheit der deutschen Seestreitkräfte bei einer Betrachtung im Verhältnis: der Gegner war uns bei den schweren Schiffen mit 11 : 1 überlegen, bei den Kreuzern mit 7,6 : 1, bei Zerstörern mit 9,8 : 1 und bei U-Booten mit 2,4 : 1.

Zunächst schossen wir uns ein wenig mit den polnischen Batterien auf Hela herum. Der Handstreich auf die Westernplatte war mißlungen, Admiral Albrecht in Kiel mußte seinen Hut nehmen, was ich bei dem jahrzehntelangen Vertrauensverhältnis zu Raeder nicht verstand.

Am 4. September ging um 9 Uhr der Befehl ein, zur Brennstoffergänzung nach Swinemünde zu gehen: Eine Verwendung in der Nordsee sei beabsichtigt. Am 5. September liefen wir gegen 1.00 Uhr nachts in Swinemünde ein. Wir werden diese letzte Nacht bei unseren Familien nie vergessen. Die Zukunft lag wie ein Berg auf unseren Gemütern. Jetzt war eine überlegene Seemacht unser Gegner. Zu meiner Frau sagte ich in dieser Nacht: »Finis Germaniae.«

Am übernächsten Tage erreichten wir die Elbe und sahen auf der Reede von Brunsbüttel die mächtigen Schatten der abgeblendeten Schlachtschiffe *Gneisenau* und *Scharnhorst*. Es wurde ernst.

Zum Grübeln hatten wir keine Zeit. Kaum, daß wir Wilhelmshaven erreicht hatten, liefen wir bereits am Mittag mit den Kreuzern *Nürnberg* und *Leipzig* zu unserer ersten Unternehmung aus, um Schutzsperren in der Deutschen Bucht zu legen. Als wir in der Frühe des nächsten Morgen wieder einliefen, waren wir erstaunt, keine Engländer auf dem Wasser oder in der Luft angetroffen zu haben. So groß war die Achtung vor unserem Gegner selbst hier, unmittelbar vor unserer Haustüre. In den nächsten Tagen fuhren wir Tag und Nacht und riegelten die Nordsee durch zahlreiche Minensperren ab. Die Zerstörer bildeten die Sicherung der Minenschiffe. Optimisten spotteten, daß dies ein nutzloses Geschäft sei, bald müßten wir den ganzen Kram wieder räumen, zu einem richtigen Kriege komme es nämlich gar nicht, es sei doch zu sehen, daß der Engländer sich mit der Kriegserklärung seiner Verpflichtung Polen gegenüber entledigt habe.

Eine stete Sorge bereitete mir der miserable Zustand meiner Maschinenanlage. Die überzüchteten Hochdruckdampfanlagen mit den häufigen Rohrreißern und dem damit verbundenen Mangel an Destillat waren noch nicht aus dem Erprobungszustand heraus. Bereits am 8. September pfiff die Maschine aus dem letzten Loch. So mußte ich nach reichlich einer Woche Einsatz zur Maschinenüberholung in die Werft, um mich am 15. September wieder am Legen von Minensperren zu beteiligen. Aber bereits am 18. September ging es wieder in die Werft.

Während der Schiffsverkehr vor den deutschen Flußmündungen mit dem Tage von Englands Kriegseintritt völlig zum Erliegen kam, setzten die skandinavischen Länder ihren Seehandel fort. Wir erhielten Befehl, Handelskrieg in der mittleren Nordsee, im Skagerrak und im Kattegat zu führen. Eifrig wurde die Prisenordnung studiert, nach ihren Bestimmungen sollten wir genauestens verfahren. In der Regel wurden die Dampfer zum Stoppen aufgefordert, der Zerstörer setzte ein Beiboot aus, um ein Prisenkommando unter Führung eines Leutnants abzusetzen, der Papiere und Ladung kontrollierte. Dann entschied der Kommandant, ob die Weiterreise fortgesetzt werden durfte, oder ob das Prisenkommando den Dampfer nach einem deutschen Hafen überführen sollte. Weder feindliche U-Boote noch Flieger störten uns beim Handelskrieg.

Anfang Oktober entschloß sich die Seekriegsleitung zu einem Vorstoß der Flotte mit den Schlachtschiffen *Gneisenau* und *Scharnhorst* sowie mit Kreuzern und Zerstörern in die nördliche Nordsee bis zur Höhe der Orkney-Inseln unter Führung des Flottenchefs. Während dieser auch befehlstechnisch hervorragend geführten Unternehmung meldete die Luftwaffe laufend britische Seestreitkräfte. Wir trafen auch eine Anzahl von Handelsschiffen, die nach der Prisenordnung angehalten, untersucht und bei Ladung von Bannware aufgebracht wurden. Nach 18 Stunden hatten wir 60 Tonnen Speisewasser verloren, so daß wir nur noch mit drei Kesseln fuhren. Wir liefen durch den Skagerrak und das Kattegat zurück. Diese Unternehmung gab uns das Vertrauen in unsere Fähigkeiten: Wir lagen nicht wie die Hochseeflotte im Ersten Weltkrieg tatenlos auf Elbe und Jade herum.

Wie eine Bombe schlug im Oktober 1939 die Nachricht ein, daß unser Flottenchef, Admiral Boehm, abgelöst werden sollte. Der Grund hierfür waren unterschiedliche operative Auffassungen zwischen ihm und dem Oberbefehlshaber des Marinegruppenkommandos West, Generaladmiral Saalwächter, über den Einsatz von Zerstörern vor der englischen Küste und die Notwendigkeit eines Rückhalts durch schwere Seestreitkräfte. Diesen Rückhalt hielt der Flottenchef für unbedingt erforderlich. Der 1. Admiralstabsoffizier des Flottenkommandos, Kapitän zur See Weichold, schrieb im Operationsbefehl: »Gruppenbefehlshaber West hat für die kommende Neumondperiode Durchführung einer Minenoperation gegen die englische Küste [...] mit Zerstörern ohne Deckung und Aufnahme durch kampfkräftige Streitkräfte bei Hellwerden befohlen.« Diesen Passus hielten Saalwächter und Raeder für eine offene Kritik am Marinegruppenkommando und verlangten die Ablösung von Weichold. Boehm, der diese Aussage im Operationsbefehl voll billigte, stellte sich hinter seinen Admiralstabsoffizier. Daraufhin wurden beide von Raeder abgelöst.

Es ist klar, daß Gehorsam die unabdingbare Voraussetzung jeder Wehrmacht ist. Aber in diesem Falle konnte von einem Ungehorsam gar keine Rede sein. Alle meine Vorgesetzten wechselten: außer dem Flottenchef der Befehlshaber der Aufklärungsstreitkräfte (B.d.A.), der Führer der Torpedoboote (F.d.T.), sowie mein Flottillenchef. Die aufeinander eingespielten Verbände verloren ihre Chefs, die Kampfkraft der Flotte erlitt eine starke Einbuße. Unsere Friedensausbildung war nun zu einem großen Teil vergebens geworden. In meinen Augen war dies alles eine Folge des falschen Primats der Landdienststellen und ihrer Empfindlichkeit gegenüber den Flottenstreitkräften. Richtigerweise wäre nicht Raeder, sondern der Flottenchef der Mann gewesen, um dessen Stirn sich entweder der goldene Lorbeer des Sieges oder der Makel der Niederlage heftete.

Zum Verständnis bezüglich der Marinegruppenkommandos noch folgendes: Aus mir unerfindlichen Gründen wurden bei Beginn des Krieges oder kurz vorher zwischen der Seekriegsleitung und dem Flottenchef zwei Marinegruppenkommandos in Kiel und Wilhelmshaven eingeschoben. Die Oberbefehlshaber dieser Gruppenkommandos waren Vorgesetzte des Flottenchefs, der nun Seebefehlshaber West bzw. Ost hieß. Schon aus persönlichen Gründen falsch.

Der erste Flottenchef wurde nach drei Monaten Krieg und der zweite Flottenchef nach zehn Monaten Opfer dieser Organisation. In der Royal Navy gab es vernünftigerweise zwischen dem Ersten Seelord und den Flottenchefs kein aufwendiges Zwischenkommando, trotz viel größerer Verhältnisse.

Später wurden Gruppenkommandant Nord und Flottenkommando zusammengelegt mit der Folge, daß ich als Chef der 4. Z-Flottille im Nordmeer meinen Flottenchef in eineinhalb Jahren nicht zu Gesicht bekam; das neue Kommando etablierte sich ohne Bedenken an Land.

Der neue Flottenchef, Vizeadmiral Marschall, der sich im Ersten Weltkrieg als U-Boot-Kommandant ausgezeichnet hatte, besaß unsere Achtung und unser Vertrauen, hatte aber nicht das Format seines Vorgängers. Die Kritik an der Führung von Land erhielt neue Nahrung, als wir am 28. Oktober bei Windstärke Nordwest 8 und schlechter Wettervoraussage zum vierten Mal zum Handelskrieg an die norwegische Küste geschickt wurden, ohne Luftaufklärung, da die Maschinen bei diesem Wetter nicht starten konnten. Wir brachen die Unternehmung ab und schimpften über unsere Vorgesetzten in den Landstäben. Unser Besteck war so schlecht, daß wir auf dem Rückmarsch über unsere eigenen Minenfelder liefen. Dabei fielen beide Maschinen des Zerstörers *Max Schulz* aus; er ankerte auf 45 m Wasser in der freien Nordsee, zu seiner Sicherung umkreiste ich ihn wie ein Schäferhund — alles mitten im deutschen Minenfeld. Als wir Helgoland peilten, erkannten wir unseren fehlerhaften Schiffsort und kamen uns vor wie der Reiter über dem Bodensee.

Der 1. Admiralstabsoffizier der Gruppe West, Kapitän zur See Meyer, war auf den Gedanken gekommen, die Zerstörer in den langen Herbst- und Winternächten zum Werfen von Minen an der englischen Küste einzusetzen. Voraussetzung: dunkle, mondlose Nacht, Windstärken und Seegang nicht über 6. Wir konnten je Zerstörer 78 Minen nehmen. Ich möchte kurz die erste Unternehmung darstellen, die späteren liefen ähnlich ab:

Am 18. November laufen wir bei leichtem Südwestwind und etwas diesigem Wetter mittags aus Wilhelmshaven aus. Der halbe Mond geht um Mitternacht unter. Wir steuern zunächst Scheinkurse in der Deutschen Bucht, um der englischen Luftaufklärung keine Anhalte zu geben. Nach Einbruch der Dunkelheit gehen wir um 18.00 Uhr auf westliche Kurse und laufen mit 27 Knoten in die feuersichtige, aber diesige Nacht. Die Maschine macht wieder Kummer, die Steuerbordkondensatpumpe muß abgestellt werden, so daß die Höchstgeschwindigkeit, meine Hauptwaffe, von 34 auf 30 Seemeilen herabgesetzt wird. Ich unterlasse eine Meldung an den Verbandsführer, um die Unternehmung nicht zu gefährden.

Kurz nach 2 Uhr kommt programmäßig das Outer Dowsing Feuerschiff in Sicht. Ankerlaternen und Decksbeleuchtung brennen. An Steuerbord reger Schiffsverkehr Humber-Holland, die Schiffe fahren mit Laternen, ein Bild wie im Frieden. Im Norden steht ein Geleitzug mit regelmäßigen Schiffsabständen, gesichert durch zwei Bewacher. Unser Verband muß häufige Kursänderungen zum Ausweichen vornehmen. Um 3.05 Uhr hängt sich *Steinbrinck* befehlsgemäß ab, um die für das Minenwerfen befohlene Position einzunehmen. Der Schiffsort ist korrekt, da wir das Humber-Feuerschiff messen und peilen können.

Befehlshaber der Flotte (1957).

*Reichspräsident
Feldmarschall
v. Hindenburg an
Bord des Leichten
Kreuzers »Königs-
berg« am 19. Mai
1931.
Von links: Reichs-
wehrminister, Ge-
neralleutnant a.D.
Groener, Oberleut-
nant z.S. Johan-
nesson (als WO),
Hindenburg, Vize-
admiral Oldekop
(Flottenchef).*

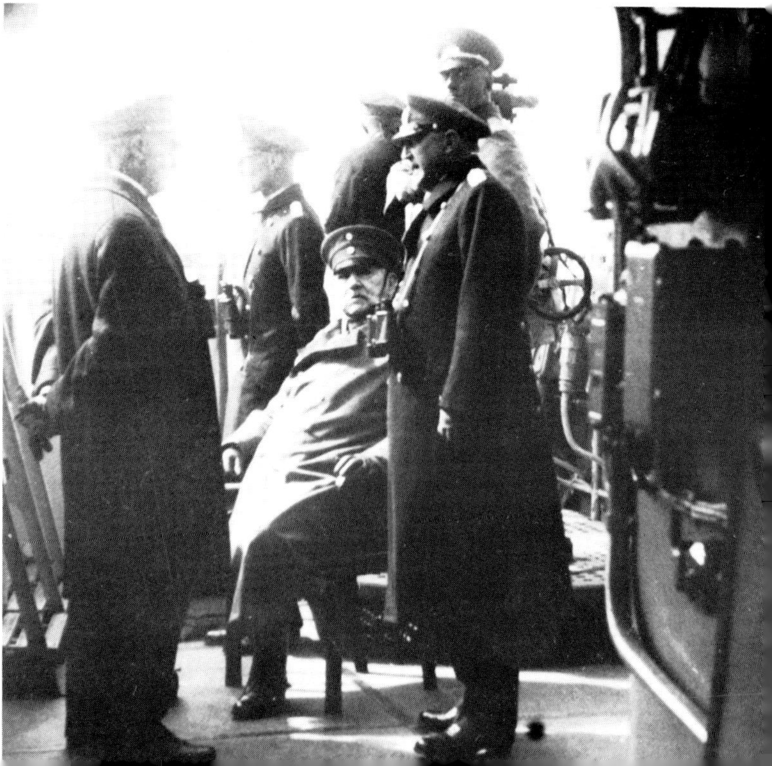

△ *Zerstörer »Erich Steinbrinck«.*

Linke Seite oben: Hoher japanischer Besuch bei der Reichsmarine in Kiel 1929 oder 1930: Der Bruder des Tenno mit Gemahlin beim Chef der Marinestation Ostsee, Konteradmiral Hansen. Von links: Oberleutnant z.S. Johannesson (Adjutant), Hofdame, Konteradmiral Junker (Inspekteur des Torpedowesens), Konteradmiral Hansen, Bruder des Tenno mit Gemahlin.

▽ *Zerstörer »Hermes«.*

△ Offizierkorps des Zerstörers »Hermes« 1943. Von links: Oberleutnant z.S. Meyer-Abich, Marineoberassistenzarzt Dr. Jaenicke, Oberleutnant z.S. Mende, Leutnant z.S. Paulsen, Kapitän z.S. Johannesson, Leutnant (Ing.) Stappmann, Oberleutnant z.S. (Königl. Ital. Marine) Boehm, Leutnant z.S. Jensen, Leutnant z.S. Beyersdorf.

Manöverkritik nach dem Flottenmanöver »Wallenstein« 1959. Am Pult Konteradmiral Johannesson, dahinter von links: Bundesminister für Verteidigung Dr. h.c. Strauß, Vizeadmiral Ruge, Kapitän zur See Gaul, Flottillenadmiral Zenker, Flottillenadmiral Gerlach. ▽

Kurz danach fällt die erste Mine. Der Wurfkurs von 165 Grad wird zur besseren Wirkung in Kurven gefahren. Dabei muß ich Rücksicht nehmen auf einen ca. 6 000 Tonnen großen Dampfer, der von einem Lotsenboot geleitet wird. Im festen Sektor vom Spurn-Point-Leuchtturm drehe ich auf, um so eine doppelte Sperre in das Einlauffahrwasser zu legen. Ich lote mich an die 10 m-Linie heran, alles geht gründlich wie bei einer Friedensübung vor sich. Die Bedienungsleute haben schwere Arbeit. Der Zerstörer arbeitet bei dem aufkommenden Wind und Seegang erheblich. Während des Werfens passieren wir Fahrzeuge; ich lasse die Entfernung nicht unter 1 000 m kommen, um nicht entdeckt zu werden. Signalscheinwerfer und der Morseverkehr der Bewacher untereinander. Wir sind nicht so mißtrauisch, daß wir glauben, wir könnten gemeint sein.

Nach einer halben Stunde ist die letzte der 70 Minen geworfen. Bei dem flachen Wasser laufen wir trotz Umdrehungen für 29 Knoten nur 22 über dem Grund. Wir passieren zahlreiche Fischerfahrzeuge und Bewacher, weißrote Laternen nebeneinander, weißgrüne Toplaternen übereinander. Bei der weiterhin sehr dunklen Nacht rechne ich nicht mit einem Entdecktwerden.

Mittlerweile ist es auf Nordost 8 aufgebrist. Mehr als 27 Knoten kann ich aber wegen der nicht intakten Maschinenanlage nicht laufen. Wir sammeln schließlich auf das Führerboot *Hans Lody*, die Marschfahrt von 29 Knoten kann *Erich Steinbrinck* nicht halten. Als *Hans Lody* in der Morgendämmerung auf 25 Knoten heruntergeht, kommen wir auf und fahren nun im Verband Kurs Heimat.

Gegen 9 Uhr meldet der englische Rundfunk, daß der erste Dampfer auf die Sperre aufgelaufen ist. Um Mittag fällt die Steuerbord-Maschine aus. Mit einer Maschine erreichen wir um 19 Uhr Wilhelmshaven, wo uns die Westwerft zur Behebung der Maschinenschäden aufnimmt.

So etwa liefen weitere drei Unternehmungen ab. Ich fuhr mit meinem Zerstörer vor die Tyne, vor Falmouth und vor die Themse. Unsere Entfernung zur Küste war teilweise nur 600 m, die Elbon-Tonne in der Themse-Mündung, die ich passierte, entspricht etwa dem Feuerschiff Elbe 1. Alle Unternehmungen wurden ohne Verluste durchgeführt. Des Rätsels Lösung hierfür ist, daß die Engländer mit diesen recht waghalsigen Unternehmungen nicht rechneten und daher die passierenden Schatten nicht für feindliche Schiffe hielten.

Bei der Rückkehr von einer solchen Unternehmung am 13. Dezember hörten wir gegen Mittag eine starke Detonation. Dann sehe ich in großer Entfernung eine hohe Wassersäule. Wenige Minuten später meldet der Kreuzer *Leipzig* Torpedotreffer bei sich und auf der *Nürnberg*. Ein britisches U-Boot hat aus dem geringe Fahrt laufenden Verband des Befehlshabers der Aufklärungsstreitkräfte unter Führung Vizeadmiral Lütjens die beiden Kreuzer torpediert. Wir schließen zur Sicherung heran.

Wegen meiner defekten Maschinenanlage werde ich zusammen mit *Friedrich Ihn* in die Heimat detachiert.

Mit 25 Knoten laufen *Friedrich Ihn* und *Erich Steinbrinck* Kurs 162 Grad auf Helgoland zu. Nach Einbruch der frühen Nacht ist *Friedrich Ihn* gerade noch ganz schwach auszumachen, das Meeresleuchten seines Kielwassers ist erkennbar. Nach all der Nervenanspannung infolge der dauernden Maschinenausfälle, der Aufregungen wegen der Besteckunterschiede unmittelbar vor dem Werfen der Minen und der äußersten Konzentration während der Stunde des Werfens gehe ich nun entspannt und erleichtert in das Kartenhaus, um eine Tasse starken Kaffee zu trinken. Auf der Brücke draußen stehen der wachhabende Offizier und der Kriegswachleiter. Beide sind bereits zwei Jahre an Bord und mir für Entschlossenheit und gute Reaktion bekannt. Kurz nach 18 Uhr sichtet ein Bootsmann auf dem Artillerieleitstand einen Schaumstreifen; durch das Glas erkennt er ein Fahrzeug auf Kollisionskurs. Etwa 100 m vor *Erich Steinbrinck* wird erst eine rote, später eine grüne Positionslaterne erkannt. Ich höre das Kommando »Hart Steuerbord«, stürze aus dem Kartenhaus auf die Brücke und sehe eine helle grüne Laterne an Steuerbord in Höhe der Brücke, zum Greifen nahe. Ich befehle: Beide Maschinen stop! Wir spüren einen harten Schlag am Achterschiff.

Wir waren mit einem Gegenkommer kollidiert. Scheinwerfer wurden angestellt. Es stellte sich heraus, daß wir mit einem Minensuchboot zusammengestoßen waren, das nun bewegungsunfähig im leichten Seegang trieb. Es handelte sich um das Minensuchboot *M 2*. Wir boten unsere Hilfe an. Der Kommandant wünschte jedoch lediglich eine Begleitung auf der Heimreise. Was war geschehen? Die Gruppe West in Wilhelmshaven hatte versäumt, uns mitzuteilen, daß sie eine Minensuchflottille zur Hilfeleistung zu den Kreuzern geschickt hatte und zwar auf demselben Wege, auf dem wir nach Hause fuhren. So mußten sich beide bei richtiger Navigation Steven auf Steven treffen. Und alles in Sekundenschnelle, denn die Annäherung betrug 40 Knoten, das sind mehr als 70 Stundenkilometer. Zu unserer Erleichterung war kein Mann zu Schaden gekommen. Dagegen waren die schiffbaulichen Beschädigungen erheblich. In der hintersten Abteilung befand sich ein scheunentorgroßes Loch, aber glücklicherweise über der Wasserlinie. Einige Spanten waren gebrochen, einige Zellen leckgeschlagen und die Naht zwischen Oberdeck und Seitenhaut geplatzt. Beim Entlangschlieren hatten sich Entmagnetisierungskabel an Steuerbord aufgespult. Wir waren um ein oder zwei Meter an einem unvorstellbaren Unglück vorbeigekommen. Die Schuld lag beim vorgesetzten Marinegruppenkommando. Ich war befreit, als der Flottenchef entschied: »Das Verhalten des Zerstörers *Erich Steinbrinck* ist nicht zu beanstanden.«

Im April 1940 hatte die »Weserübung«, die Besetzung Dänemarks und Norwegens, stattgefunden. *Erich Steinbrinck* hatte wegen Grundüberholung an dem Einsatz der zehn Zerstörer in Narvik nicht teilgenommen. So überlebte mein Zerstörer.

Es waren verschiedene Krisen eingetreten, insbesondere hatte sich die Situation in Narvik außerordentlich ungünstig entwickelt. Wir erhielten am 3. Juni einen Funkspruch von General Dietl: Widerstandskraft infolge ungünstiger Wetterlage und unterbliebener Munitionsversorgung nur noch gering. Die Flotte sollte helfen; das Unternehmen »Juno« lief an.

Am 1. Juni hatte bereits eine Sitzung der Kommandanten in Kiel unter Leitung des Flottenchefs stattgefunden. Es wurden die Einzelheiten der Operation durchgesprochen. In seinem Operationsbefehl hieß es: »Ich beabsichtige, gemäß Weisung der Seekriegsleitung mit *Gneisenau, Scharnhorst, Hipper* und 4 Zerstörern zur Entlastung der Heeresgruppe Narvik überraschend in die Fjorde bei Harstad und Narvik einzudringen und die dort angetroffenen Feindstreitkräfte und ihre Stützpunkte anzugreifen. Anschließend beabsichtige ich, unter Ausnutzung des Stützpunktes Trondheim mit den verfügbaren Seestreitkräften den Nachschub für das Heer im Raum Trondheim, Mo, Bodoe, Saltdal zu sichern, um die Durchführung eines Entlastungsvorstoßes von ausgesuchten Hochgebirgstruppen in den Raum Narvik zu ermöglichen.« Bei der Sitzung fühlten wir Kommandanten instinktiv, daß zwischen den Auffassungen der Seekriegsleitung, des Gruppenkommandos Nord und dem Flottenchef, Vizeadmiral Marschall, gewisse Unterschiede bestanden. Wir hatten zu viele Vorgesetzte an Land.

Die Unternehmung ist in den Geschichtsbüchern nachzulesen. Ich beschränke mich auf das, was ich selbst erlebt habe. Wir liefen am 4. Juni aus Kiel aus, steuerten durch den Großen Belt, durchs Kattegat und Skaggerak nordwärts bei guter Sicht. Als wir in der kurzen Nacht plötzlich in eine dicke Nebelbank stießen, bewies sich unsere Friedensausbildung, indem sich der auseinandergezogene Verband eng zusammenschloß und mit 24 Seemeilen weitermarschierte. Im Laufe des 6. Juni ergänzten wir im Seegebiet Jan Maien Brennstoff durch Schleppleinen mit Ölleitung von *Gneisenau* in Fahrt und nahmen in vier Stunden 500 Tonnen über. Nach beendeter Brennstoffergänzung fand um 20.30 Uhr eine mir unvergeßliche Sitzung der Kommandanten in der Kajüte des Flottenchefs auf der *Gneisenau* statt. Wir Kommandanten kamen mit unseren kleinen Beibooten auf das in der langen Dünung treibende Flaggschiff. Es war wie in Nelsons Zeiten, eine Luftgefährdung gab es dort oben nicht. Der Flottenchef führte aus, daß er es von den weiteren Aufklärungsergebnissen abhängig machen wolle, ob er nach Harstad einbrechen oder ob er gegen den Seeverkehr operieren wolle. Für beide Möglichkeiten entwickelte er seine Auffassungen über den geplanten Einsatz. Wir verließen das Flaggschiff nach eineinhalb Stunden in der Ungewißheit, welche Entscheidung getroffen werden würde. Keiner von uns Kommandanten hatte sich zu einem Votum für Harstad ausgesprochen, auch ich nicht, was ich heute bereue.

Ich übergehe die einzelnen Einflußnahmen der Gruppe Nord auf den Flottenchef. Jedenfalls entschloß sich Marschall *für* den Handelskrieg und *gegen* Harstad. Am 8. Juni nachmittags gegen 16 Uhr bilden wir einen Vorpostenstreifen. Bald meldet *Hipper* einen Dampfer und ein Begleitboot. Wir wurden zu einem Vorstoß angesetzt, und um 19.45 Uhr eröffneten wir das Feuer auf den Tanker *Oil Pioneer*, während die *Gneisenau* den Begleiter mit wenigen Salven erledigte. Die Brücke des Tankers stand in Flammen, die Besatzung verließ das Schiff und ging in die Boote. Ich erhielt den Befehl, den Tanker durch Torpedo zu versenken. Auf 1 000 Meter verfehlte der erste Torpedo das Ziel infolge Gradlaufstörung und gefährdete den in der Nähe stehenden Zerstörer *Hermann Schoemann*. Der zweite Torpedo durchbrach nach 400 Metern die Oberfläche, steuerte sich aber ein und traf. Die Wirkung am Ziel enttäuschte. Es wurde klar, daß wir kein Vertrauen zur Torpedowaffe haben konnten. Der Tanker richtete sich steil auf und sank langsam über den Achtersteven. Einige in Luv treibende Leute konnte ich nicht aufnehmen, da ich nur mit einer Maschine klar und daher in meiner Manövrierfähigkeit beschränkt war. Wir trieben quer zum Wind und entfernten uns von den Schiffbrüchigen. Ich ließ die Kutter aussetzen und hinüberpullen. Einige Überlebende wurden aufgefischt, die Kutter wieder eingesetzt, und wir folgten dem ungeduldig werdenden Flaggschiff. Ich erwähnte dieses Kutteraussetzen in meinem Kriegstagebuch. Keine meiner vorgesetzten Stellen nahm Anstoß an diesem riskanten Entschluß in einem Seeraum, in dem jeden Moment mit dem Auftauchen des Gegners gerechnet werden mußte, wobei ein Zerstörer mit nur einer Maschine besonders benachteiligt war.

Wir bildeten wieder einen Aufklärungsstreifen mit nordöstlichem Kurs und suchten weitere Ziele, unterstützt von dem mittlerweile gestarteten Bordflugzeug. Der Flottenchef hatte durch Kurzsignal seine Absicht des Angriffs auf Geleitzüge der Gruppe gemeldet. Diese war nicht einverstanden, und ich hörte folgenden Funkspruch an den Flottenchef mit: »Falls hier unbekannte triftige Gründe für Angriff auf Geleitzug nicht vorliegen, an Hauptaufgabe Harstad festhalten. Hauptaufgabe für Schlachtschiffe bleibt Harstad.« Wir haben damals das Eingreifen in die Operation durch das Gruppenkommando nicht verstanden. Nach unserer Ansicht mußte der Entschluß dem Urteil des in See befindlichen Flottenchefs überlassen bleiben. Es genügte, wenn die Landstellen alle wichtigen Informationen übermittelten. Um 9.50 Uhr ging ein Funkspruch ein: »Alarm, Feind steuert nördlichen Kurs.« Wir wußten nicht, wer auf welchen Feind gestoßen war. Die Unterschrift fehlte. Alle Schiffe steuerten mit Höchstfahrt Nordost.

Steinbrinck hinkte mit seiner Maschine mutterseelenallein hinterher. An sich war ich nach Trondheim entlassen. Aber jetzt, wo es offensichtlich zu einer weiteren Feindberührung kam? Ich versuchte mit allem, was die Maschine hergab, Anschluß zu finden. Der Ausguck im Krähennest wurde immer wieder vergeblich nach Sichtmeldungen befragt. UKW-Verbindung war abgerissen. Gegen 12 Uhr kamen Schlachtschiffe mit südlichem Kurs in Sicht. Glücklicherweise waren es die eigenen. An Backbord war *Hipper* im Gefecht; wie wir später erfuhren, handelte es sich um den 20 000 Tonnen großen Dampfer *Orama*. Während der Flottenchef mit *Gneisenau* und *Scharnhorst* weiter im Seegebiet blieb, wurden *Hipper* und die Zerstörer nach Trondheim zur Brennstoffergänzung detachiert. Kurz vor 18 Uhr ging ein Funkspruch des Flottenchefs ein: »Bin im Gefecht mit Flugzeugträger und leichten Seestreitkräften.« Die Meldung wird an die Besatzung durchgegeben. Zur allgemeinen Enttäuschung waren wir nicht dabei. Doch machte *Hipper* mit drei Zerstörern sofort kehrt und operierte mit Höchstfahrt auf den Feind. *Steinbrinck* lahmte betrübt in Richtung Trondheim. Um 20 Uhr meldet der Flottenchef: »*Glorious* und zwei Zerstörer versenkt. *Scharnhorst* Torpedotreffer.« Die Torpedierung der *Scharnhorst* am hellichten Tage durch die Zerstörer war eine der schwierigsten und bewundernswertesten Taten im Zweiten Weltkrieg. Die beiden gefallenen Kommandanten erhielten verdient das Victoria-Kreuz post mortem. Die Folge war eine Änderung der Gesamtlage im Nordmeer. Bald darauf erhielten wir Nachricht: »Narvik wieder von deutschen Truppen besetzt.« Wir waren mitten in den Abtransport der alliierten Truppen hineingestoßen.

Obwohl ich seit Tagen kein sicheres Besteck hatte, machte die Ansteuerung von Trondheim keine navigatorischen Schwierigkeiten. Wir loteten die Haltebank an und waren nachmittags auf Trondheim-Reede. Wir gingen längsseits des Werkstattschiffes *Huascaran*. Glücklicherweise erging die Entscheidung, daß wir nicht in die Heimat zurückkehren, sondern die Backbord-Hochdruckturbine abkoppeln sollten. Unsere auf 28 Knoten verminderte Höchstgeschwindigkeit wurde in Kauf genommen. In den nächsten Tagen erhielten wir die Aufgabe, ein Nachschubschiff mit 1 000 Mann gemeinsam mit dem Kreuzer *Nürnberg* nach Narvik zu begleiten. Wir sicherten die *Nürnberg*, sobald wir aus den Schären herausgetreten waren. Die Navigation ohne Lotsen nach der ungewohnten norwegischen Karte und dem nicht einfachen Fahrwasser erforderte höchste Aufmerksamkeit.

Als die *Nürnberg* Grundberührung hatte, liefen wir wieder zurück. Indes saß die *Nürnberg* auf einer der wenigen sandigen Stellen, so daß der Schiffsboden nicht beschädigt wurde. Bei Hochwasser kam der Kreuzer wieder frei. Am 15. Juni wurden bei uns schleifende Geräusche in der Steuerbord-Hochdruckturbine festgestellt. Nun waren also beide Turbinen nicht mehr voll verwendungsbereit, und die

Höchstgeschwindigkeit sank auf 25 Knoten. Später wurde die Hochdruckturbine in der Rekordzeit von vier Stunden von unserem Maschinenpersonal abgekoppelt. Am nächsten Tag fanden wir den deutschen Tanker *Kattegat*. Sein Heck lag tief im Wasser, die Aufbauten waren zerstört. Eine Untersuchung ergab, daß der Tanker rund 4 000 Tonnen Heizöl an Bord hatte. Wir gingen längsseits und ergänzten Brennstoff.

Das Schiff war bei der Norwegenbesetzung am 9. April gejagt worden, hatte sich auf Grund gesetzt und war von den Norwegern ausgeplündert worden. Bei dem Manöver berührten wir ein nicht in der Karte eingetragenes Riff und beschädigten uns nicht unerheblich am Steven unter Wasser, ohne daß die Seefähigkeit in Mitleidenschaft gezogen wurde. Am 17. Juni steuerten wir in die im Nebel liegenden Lofoten ein. Während die *Nürnberg* Truppen und Kriegsmaterial in Narvik an Land setzte, sicherte *Erich Steinbrinck* den Westausgang. Ein Funkspruch meldete Frankreichs Bitte um Waffenstillstand. Wir übermittelten diese bewegende Nachricht optisch an unsere Sicherung fliegenden Flugzeuge. Am 19. Juni mittags liefen wir wieder in Trondheim ein.

Praktisch war das Unternehmen »Juno« damit beendigt. Die Seekriegsleitung und das Gruppenkommando waren mit der Führung des Flottenchefs nicht einverstanden. Wir spürten die Querelen zwischen den verschiedenen Kommandoebenen. Aber unser Vertrauen zum Flottenchef war unerschüttert. Daher waren wir betrübt, als wir von seiner Krankmeldung und von seinem Ersatz durch Vizeadmiral Lütjens hörten. Erst viel später erfuhr ich von dem harten Urteil Raeders, das wir nicht nachvollziehen konnten: »Marschall fehlte es an der Seelenstärke des großen Führers, die ich bei ihm an Hand des äußeren Auftretens vorausgesetzt hatte; ferner an der Großzügigkeit des Handelns innerhalb eines großen Plans. Daher ist seine Kommandoführung im Ganzen eben ein Versager.« Diese militärisch wie menschlich verletzende Behandlung unseres Flottenchefs hat mich tief betroffen. Die weitere Diskussion dieses Falles in der Seekriegsleitung wurde untersagt.

Ganz im Gegensatz dazu stand die britische Seekriegführung. Ein Beispiel: Narvik — 10. April 1940. Nachdem der Flottillenchef, Kapitän zur See Warburton-Lee, dem fünf Zerstörer unterstanden, durch Funkspruch gemeldet hatte, er wolle die zehn deutschen größeren und auch stärker armierten Zerstörer in der Morgendämmerung angreifen, funkte der Erste Seelord, Admiral Pound: »You alone can judge, wether in these circumstances attack should be made. We shall support, whatever decision you take.« Der Entschluß und das Ergebnis: Der Hafen wurde in einen Schiffsfriedhof verwandelt, zwei deutsche Zerstörer wurden versenkt, vier weitere beschädigt. Warburton-Lee fand den Soldatentod; posthum erhielt er das Viktoria-Kreuz.

Im Jahr 1797 signalisierte der britische Flottenchef Sir John Jervis vor dem — gescheiterten — Angriff auf Teneriffa an seinen ihm unterstellten Kapitän Nelson: »Gott segne Euch und sei Euch gnädig. Ich bin sicher, daß Ihr den verdienten Erfolg haben werdet. Den Sterblichen ist es nicht gegeben, darüber zu gebieten.«

In diesen Unterschieden zwischen britischer und deutscher Seekriegsführung zeigte sich schon im ersten Kriegsjahr eine großer Nachteil der Raederschen Führungsprinzipien: der Primat der Landdienststellen gegenüber den Befehlshabern in See. Hinzu kam der häufig festzustellende Hang der deutschen Seekriegführung zur Befehlstaktik. Weil sich die britische Seekriegführung stärker der Auftragstaktik bediente, konnte sie bei rasch wechselnden Lagen wirkungsvolle Initiativen ergreifen und damit dem Gegner das Gesetz des Handelns aufzwingen.

Später geleiteten wir die beschädigte *Scharnhorst* nach Deutschland, wobei wir beinahe bei Austritt aus den Fjorden der englischen Flotte in die Arme gelaufen wären. Der Hafen Bergen war unsere Rettung.

Nach dem Sieg in Frankreich und dem »Wunder von Dünkirchen«, der Rettung des britischen Expeditionskorps, wurden Pläne einer Landung auf der britischen Insel erarbeitet: Unternehmen »Seelöwe«. Mußte die Seekriegsleitung Hitler nicht ein entscheidendes »Nein« entgegenhalten, statt bei Erfüllung bestimmter Bedingungen zuzustimmen?

Ich lag mit meinem Zerstörer in Cherbourg. Die Befehle zur Landung in England hatte ich an Bord. Wochenlang waren endlose Geleite von Schleppern, Booten und Kümos von der Nordsee an der Küste entlang zu den Absprunghäfen am Kanal gelaufen. Ich erinnere mich nur schwach der Einzelheiten. Lokomotivlaternen an der englischen Küste sollten uns Zerstörern den Weg weisen — ähnliche Naivitäten gab es mehr! Wir waren erleichtert, als die fantastischen Pläne zu den Akten gelegt wurden.

Zwei Ereignisse möchte ich noch kurz darstellen: Ich weiß nicht mehr genau, wann es war, wohl im Sommer 1940, aber ich erinnere mich, irgendwo im Kanal nördlich von Cherbourg in einem geringen Abstand in dunkler Nacht die schwachen Umrisse eines U-Bootes voraus an Backbord erkannt zu haben. Ein englisches, ein deutsches? Rammen oder durch Artilleriefeuer versenken? Der erste Entschluß hätte bedeutet, schwere Verletzungen am eigenen Schiffskörper in Kauf zu nehmen. In Sekunden mußte ich entscheiden und faßte den falschen Entschluß. Unsere Salven trafen aus einem mir unerklärlichen Grund nicht. Das U-Boot tauchte vor unseren Augen weg. Die U-Boot-Besatzung mag an Wunder geglaubt haben. Mein Kummer war groß.

Und dann das zweite Ereignis: Am 17. Oktober 1940 erlebten *wir* ein Wunder. Vier Zerstörer unter Führung von Kapitän zur See Bey auf *Hans Lody* sollten Handelskrieg im Bristol-Kanal führen. Bei schönstem Wetter, klarer Sicht, wolkenlosem Himmel, blauer, nur schwach bewegter See, liefen wir aus Brest aus und steuerten nordwärts. Unterwegs fiel einer meiner sechs Kessel aus, was den Verlust von zwei bis drei Knoten bedeutete und damit den Vorteil der größeren Geschwindigkeit gegenüber Kreuzern. Ich erstattete dem Flottillenchef keine Meldung, da ich sonst damit rechnen mußte, nach Brest detachiert zu werden. Plötzlich, am frühen Nachmittag, erkannten wir vor uns die noch schwachen Mastspitzen eines Kriegsschiffsverbandes, dessen Stärke ich bald als zwei Kreuzer und einige Zerstörer ausmachte. Bey machte richtigerweise sofort kehrt und lief mit 34 Knoten ab. Ich dagegen sackte mit meinen 30 Knoten rettungslos achteraus. Nach den Mastspitzen kamen die Schornsteine und die Brücken in Sicht. Während sich meine drei Kameraden mehr und mehr entfernten, schließlich außer Sicht kamen, gerieten wir in ein immer besser liegendes Artilleriefeuer. Ich tat, was in meinen Kräften stand, nebelte und qualmte schwarz, fuhr in die hohen Aufschläge hinein, warf Nebelbomben und drehte schließlich zum Torpedoangriff auf. Ob einer meiner vier Torpedos, deren Blasenbahn ich verfolgen konnte, getroffen hatte, ist mir bis heute nicht bekannt. Tatsache war, daß die Entfernung nicht mehr abnahm — sogar stieg — und wir einem anscheinend unentrinnbaren Schicksal entgingen. Nur wenig beschädigt lief ich am nächsten Morgen in Brest ein, wo uns unsere Freunde wohl kaum noch wiederzusehen gehofft hatten.

Nachdenklich erinnerte ich mich in der Stille meiner Kajüte des Schlusses von Goethes »Dichtung und Wahrheit«, den ich auswendig kannte:

»Wie von unsichtbaren Geistern gepeitscht, gehen die Sonnenpferde der Zeit mit unseres Schicksals leichtem Wagen durch, und uns bleibt nichts, als mutig die Zügel festzuhalten und bald rechts, bald links vom Steine hier, vom Sturze da die Räder wegzulenken. Wohin es geht, wer weiß es? Erinnert er sich kaum, woher er kam.«

Es waren für meine Besatzung und mich die gefährlichsten, eigentlich hoffnungslosesten Stunden im ganzen Kriege gewesen. Wir hatten dem Tode buchstäblich ins Auge gesehen. Alles in allem: ein Erfolg der exzellenten Ausbildung unter Admiral Boehm, dem letzten Friedens-Flottenchef.

Über meinen Entschluß, den Ausfall des 6. Kessels zu verheimlichen, möchte ich keine Betrachtungen anstellen. Bey hüllte sich in Schweigen, beantragte aber für mich das Ritterkreuz, weil ich durch Aufdrehen zum Torpedoangriff gegen einen weit überlegenen Kreuzerverband meinen Zerstörer vor der Vernichtung bewahrt hatte. Die Ablehnung des Antrags verstand ich. Das Bodenstück einer 15 cm-Granate, die einige Zentimeter neben mir in der Brückenverkleidung eingeschlagen hatte, schenkten mir meine Leute, sie ziert jetzt das Arbeitszimmer eines alten Mannes.

Ein Marsch durch den englischen Kanal nach Brest bereitete mir immer Herzklopfen. Sorgfältigste Navigation war schon wegen der eigenen Minensperren eine Überlebensfrage, und die Lage der englischen Minen kannten wir nicht. Einmal war so dichter Nebel, daß eine Weiterfahrt nicht zu verantworten war; wir mußten ankern — ausgerechnet an der schmalsten Stelle querab vor Dover. Als es aufklarte wurden blitzschnell die Anker gelichtet, bevor die Batterien sich auf uns einschießen konnten.

Mittlerweile war Admiral Lütjens zum Flottenchef ernannt worden. Er war nie Kommandant eines Schweren Schiffes gewesen, besaß m.E. keinerlei artilleristischen Kenntnisse, meine eigenen Erfahrungen mit ihm waren auch nicht ermutigend. Admiral Marschall hat mir, wie ich schon einmal andeutete, nach dem Krieg erzählt, Lütjens habe ihn vor der Bismarck-Unternehmung besucht und er habe ihm geraten, wenn etwas Unvorhergesehenes eintrete, flugs kehrt zu machen. Darauf habe Lütjens geantwortet, das komme überhaupt nicht in Frage. Ihm würde das Los seiner beiden Vorgänger nicht blühen.

Den Schlußkampf der *Bismarck* verfolgte ich in meinem Funkraum. Wir lagen hinter den Schleusenkammern in La Pallice. Helfen konnten wir nicht, Windstärke 8 aus West, Entfernung 500 Seemeilen.

Einmal erlebte ich in Lorient, wie Dönitz zwei U-Boot-Kommandanten — von Feindfahrt kommend — berichten ließ. Das Junktim von kühler Sachlichkeit und persönlicher, kameradschaftlicher Wärme machte auf mich Eindruck. Auch die ungezwungene Atmosphäre im Lagezimmer berührte mich sympathisch.

22. Juni 1941. Wir lagen in Bordeaux. Als die Nachricht vom Einmarsch nach Rußland durchs Radio kam, bestellte ich mir einen Wagen und fuhr nach St. Emilion. In der Stille des Gartens einer Wirtschaft mit dem Blick über die Weinfelder trank ich nachdenklich eine Flasche Rotwein. Meine Gefühle waren zwiespältig, wie sollte es nach dem Sieg über Frankreich weitergehen? Wer hatte das Rezept des Sieges? Unser Generalstab wird sich auf ein solches Unternehmen nur nach gründlichem Prüfen einlassen. Andererseits England, nicht geschlagen, Amerika in der Hinterhand, doch wieder ein Zwei-Fronten-Krieg, den Hitler in seinem Buch schärfstens kritisiert hatte? An einen Gedanken erinnere ich mich ganz deutlich: Warum wurden bei diesem Entschluß nicht alle Kräfte aufs äußerste angespannt? Die 7. Armee unter General der Artillerie Dollmann lag in anmutigen Quartieren in Frankreich. Warum nicht als operative Reserve in Rußland ? Und was taten wir Zerstörer in der Biscaya? Ein Leben — fast wie im Frieden. Zur Entscheidung kann man bekanntlich nie stark genug sein. Ich weiß noch, daß ich meinte, unsere Ingenieur-Offiziere seien besser in Kiew und Smolensk für die Energieversorgung eingesetzt, als hier herumzusitzen. Auch verstand ich nicht, daß der Seekrieg gegen

England weiterging, anstatt daß man sich für Libau, Reval und Kronstadt interessierte. Der von den schwachen deutschen Seestreitkräften nicht verhinderte Ausbruch der Baltischen Flotte aus Reval trug wesentlich zur erfolgreichen Verteidigung Leningrads bei. Und dann war mein Gedanke: Was ist, wenn drüben ein Napoleon auftaucht — wie 1797 in Italien? Später — nach einigen Wochen — wunderte ich mich, daß unsere Heere gleichmäßig nach Osten vordrangen, ohne einen erkennbaren Schwerpunkt. Das ist nicht die Kritik eines Seeoffiziers am Generalstab, sondern ganz einfach eine Erinnerung und vielleicht eine Ahnung von Hitlers laienhaftem Eingreifen.

Den Sommer über führten wir ein ziemlich ruhiges Dasein. Wir sicherten die Schlachtkreuzer zwischen Brest und La Pallice, wobei wir eimal ein britisches Flugzeug abschossen. Wir erlebten zahlreiche Luftangriffe auf Brest mit, schwammen und sonnten uns am Strand von La Baule und fragten immer wieder nach dem Fortgang unserer Operationen in Rußland.

Nachdem ich über drei Jahre Kommandant der *Steinbrinck* war, rechnete ich mit einer Abkommandierung in den nächsten Monaten. Als sie dann erfolgte, schenkte mir die Besatzung ein schönes Modell des Zerstörers.

Der Vollständigkeit halber sei erwähnt, daß ich nunmehr im Besitz der Schnalle zum Eisernen Kreuz von 1939, des E.K. I und des Deutschen Kreuzes in Gold war, letzteres bei der Marine begehrt als Zeichen langen Fronteinsatzes. Meine Orden wurden in einem Zigarrenkasten aufbewahrt. Die Männer fanden das unwürdig und bastelten mir ein entzückendes — natürlich geräumiges — Ordenskästchen aus Rosenholz mit Intarsien des Zerstörers, ein ganz wertvolles Andenken noch heute.

Kommandant Zerstörer »Hermes«

Im Herbst 1941 mußte *Steinbrinck* für längere Zeit zu Blohm & Voß in die Werft zur Grundüberholung. Hatte es in diesen Jahren meines Kommandos überhaupt eine Unternehmung gegeben, bei der Turbinen und alle sechs Kessel klar waren? Aus irgendeinem Grunde war der Operations-Asto beim Admiral Ägäis in Athen ausgefallen, und die Wahl eines Vertreters fiel zu meiner Freude auf mich. Der Flug nach Griechenland über den Olymp war ein unvergeßliches Erlebnis, auch die Ankunft in Athen, als der ersten vom Kriegsgeschehen wirklich mitgenommenen Stadt. Mein Vorgesetzter war der Admiral Ägäis, Vizeadmiral Förste. Er regierte im Marine-Ministerium und wohnte in einer hübschen Vorort-Villa. Ich kannte ihn lange. Er war 1923 mein Kommandant auf dem Torpedoboot *T 143*, 1932 mein Erster Offizier auf dem Kreuzer *Königsberg*. Ich mochte ihn ausgesprochen gern; auch hatte ich in seinem gastlichen Hause schöne Stunden erlebt: Ein kluger, großzügiger, kameradschaftlicher Mann, der mit langem Zügel führte und allgemeine Wertschätzung genoß. Sein Auftrag war — zusammen mit seinem italienischen Kollegen — die Leitung und Sicherung der Seetransporte in erster Linie nach Kreta und zum Afrikakorps nach Tobruk und Bengasi. Unter ihm zu arbeiten war eine Freude, das Klima in seinem Stab vorbildlich. Eines Tages besuchte uns Rommel. Ich mußte ihm auf der Karte die Aufstellung unserer U-Boote vor dem eingeschlossenen Tobruk erläutern. Ich tat dies mit dem Zusatz, ich glaubte mit einiger Sicherheit sagen zu können, daß ein Nachschub aus Alexandria — Munition, Truppen, Artillerie u.ä. — ausgeschlossen sei. Er war nicht einverstanden. »Stellen sie gefälligst Ihre U-Boote so auf, daß mir keine Beute aus Tobruk entwischt.« Ich war doch leicht erstaunt. Sein Charisma, dieses Geheimnis seiner Persönlichkeit und seines militärischen Führertums, war unübersehbar. Seine großen blauen Augen habe ich noch heute in meinem Gedächtnis. Sein von mir beneideter Adjutant sagte mir: »Dieser Mann ist kugelfest, ich bin sein 7. Adjutant, alle meine Vorgänger sind an seiner Seite gefallen.«

Die Lage im Mittelmeer war gespannt. Das Afrikakorps stand und fiel mit dem Nachschub über See. Von deutscher Seite war immer auf die Bedeutung Maltas hingewiesen worden. Solange die Insel in britischer Hand blieb, solange waren die Nachschubwege von Sizilien und Kreta nach Afrika bedroht. Die Unterlassung der Inbesitznahme der Insel war wohl der entscheidende Fehler, der die Wende im Mittelmeer zur Folge hatte. Die bei Rommel tatsächlich eintreffenden Nachschubmengen erreichten kaum den täglichen Bedarf seiner Infanterie und nicht die Hälfte von dem, was die Panzerkräfte brauchten. Nur durch erbeutete britische Bestände konnte er seine Situation verbessern.

Im Herbst 1941 verfolgte ich mit größter Spannung die Wehrmachtsberichte. Unsere Truppen standen vor Moskau und Leningrad. Aber statt der erhofften Sondermeldungen über die Besetzung dieser Städte kamen nur solche vom U-Bootkrieg. Mit schwante Böses. Nie hatte ich geglaubt, daß wir England mit U-Booten bezwingen könnten; ich hielt das riesige Potential für den U-Bootkrieg für eine Fehlinvestition und war von den Erfolgen, nicht von dem späteren Fehlschlag überrascht. Ende Dezember war der Krieg endgültig zu unseren Ungunsten entschieden. In dieser Zeit erhielt ich auch die Nachricht vom Tode meines Bruders vor Moskau.

In der Werft von Salamis lag ein griechischer, in England 1939 gebauter Zerstörer. Er war im Schwimmdock von unserer Luftwaffe beschädigt worden und gesunken.

Wir hoben ihn und versuchten mit aller Kraft, ihn unter deutscher Flagge in Dienst zu stellen. Dann hätten wir wenigstens *ein* Kriegsschiff im Mittelmeer. Es wurde entschieden, daß ich der Kommandant werden sollte. Mit diesem Kommando begann für mich das schönste Jahr meiner Marinezeit. Der Zerstörer *Vasilefs Georgios I*, später *ZG 3*, später *Hermes*, war kleiner, schwächer und langsamer als mein *Steinbrinck*, aber im Gegensatz zu diesem mit stets klarer Maschine. Ich war selbstständig, hatte einen problemlosen Auftrag und eine großzügige operative Führung. Auftragstaktik, nicht Befehlstaktik! In den Jahren meiner Kommandoführung hieß es nur, Sie führen diese zwei oder drei Schiffe von den Dardanellen nach Pyräus, nach Suda, nach Tobruk. Wann und wie Sie das machen, ist allein Ihre Entscheidung!

Und dann das Mittelmeer! Nicht als Tourist, sondern als Krieger auf klassischem Boden. Ich zitierte Homer: »Denn nichts Schrecklicheres ist mir bekannt als die Schrecken des Meeres, einen Mann zu zerstören und sei er noch so gewaltig.« Und der gescheiteste Grieche, Odysseus, der listenreiche, der göttliche Dulder.

Dreißigmal war ich wohl auf der Akropolis, wenn ich in Salamis festgemacht und gemeldet und meinem vorzüglichen Ersten Offizier, Kapitänleutnant Mende, die Arbeiten im Hafen überlassen hatte. Das Schönste auf dieser Welt ist für mich bis heute der Parthenon in der Morgensonne. Als ich Jahrzehnte später in Griechenland Urlaub machte, war alles anders: überfüllt, Benzingestank, unzählige Besucherströme.

Mein Offizierkorps auf dem Zerstörer war hervorragend: im Durchschnitt 21 Jahre alt. Die Besatzung war auch bestens: im Durchschnitt 19 Jahre alt. Wenn ich heute in den achtziger Jahren an den Traditionstreffen meiner Besatzung teilnehme, erröte ich — so anhänglich sind meine Männer und besonders ihre Frauen. Den Offizieren und dem Steuermann Höft bin ich noch heute freundschaftlich verbunden. Vielleicht ist das Vertrauen und die Anhänglichkeit meiner Männer das Beste, was mir in meiner Marinezeit zuteil geworden ist.

Während die Italiener große Verluste bei den von ihnen nach Afrika geführten Geleiten durch Feindeinwirkung erlitten, blieb ich bei 16 Überquerungen des Mittelmeeres ohne jeden Schiffsverlust. An uns ist Rommel nicht gescheitert. Meine Leidenschaft war die Taktik. Ich hatte 1932 meinen Hochzeitsurlaub für eine Woche unterbrochen, um als Gefechtswachhabender des Kreuzers *Königsberg* nicht die wichtigen Tage der Herbstmanöver zu versäumen. Jetzt konnte ich alles bestimmen, Kurs, Fahrt, Formation. Führten die Italiener, so waren sie gebunden an die strikte Order von Super-Marina in Rom. Alles wurde befohlen, jedes Detail. Kein Wunder, daß die Kommandanten baten, ich möchte doch führen, was im allgemeinen dann auch großzügig gestattet wurde.

Kamen wir zurück aus Afrika, hatten Kreta passiert, dann steuerten wir wie vor 2500 Jahren den alten Poseidon-Tempel auf Kap Sunion an, diese goldgelben Säulen auf der Steilküste von Attika. Vor den Dardanellen passierten wir Troja und dachten an Hektor und Achilles, aber auch an Priamos und Kassandra. Im Euböa-Kanal sahen wir die Thermopylen: »Wanderer, kommst Du nach Sparta, verkündige dorten, Du habest uns hier liegen gesehen, wie das Gesetz es befahl«. Auf unserem Liegeplatz Salamis hatte Themistokles, der Admiral Athens, 480 v. Chr. den Ansturm der Perser auf Griechenland in einer der berühmtesten Seeschlachten der Weltgeschichte abgeschlagen. Im Schlick werden wohl noch hölzerne Wracks liegen.

Noch ein Wort über die Zerstörer. Während wir unsere Schiffe nach dem Prinzip des Perfektionismus bauten, war den Engländern mehr an Zahl als an Qualität gelegen. Überschlägig konnten sie mit denselben Mitteln drei Boote bauen, mit denen wir zwei bauten. Der Brite hatte keinen Doppelboden, keine Maschinenraumtrennung, eine um zwei Knoten geringere Geschwindigkeit, eine Kanone weniger. Zur Erhöhung der Geschwindigkeit gab ich bei Nacht und Nebel einen Anker und eine Kette ab und gewann durch Höhertauchen des Vorschiffs eineinhalb Knoten. Meine Erfahrungen sprachen für das britische Prinzip. Die *Hermes* war ein reiner »Arbeitszerstörer«: Er war nicht störanfällig und brauchte geringere Werftliegezeiten. Um möglichst schnell zum Einsatz zu kommen, lehnte ich alle Änderungen ab — ausgenommen den Ersatz des Magnetkompasses durch einen Kreiselkompaß. Der alte schöne Messingkompaß steht noch heute als einzigartiger Schmuck auf meinem Schreibtisch.

Am 21. März 1942 stellten wir in Dienst. Bereits Ende Mai meldete ich den Zerstörer see- und gefechtsklar — sicherlich in einer Rekordzeit. Der Admiral Ägäis erwartete uns sehnlichst. Wir waren Tag und Nacht in See. Dies ergibt sich aus der folgenden Übersicht über unsere Unternehmungen:

2.7.	—	3.7.1942	Minenunternehmen
6.7.	—	9.7.1942	Geleitfahrt nach Kreta
9.7.	—	15.7.1942	Geleitfahrt nach Tobruk
15.7.	—	17.7.1942	Geleitfahrt nach Kreta
17.7	—	18.7.1942	Geleitfahrt nach Piräus
22.7.	—	24.7.1942	Geleitfahrt nach Kreta-Tobruk
24.7.	—	25.7.1942	Geleitfahrt nach Kreta
5.8.			Geleitfahrt nach Salamis
12.8.	—	13.8.1942	Sonderunternehmen nach dem Peloponnes
14.8.			Sonderunternehmen nach Suda-Bucht
14.8.	—	16.8.1942	Geleitfahrt nach Tobruk

16.8.	—	18.8.1942	Geleitfahrt nach Piräus
19.8.	—	20.8.1942	Sonderaufgabe
23.8.	—	24.8.1942	Geleitfahrt nach Suda-Bucht
27.8.	—	28.8.1942	Freie U-Boot-Jagd
29.8.	—	30.8.1942	Geleitfahrt nach Suda-Bucht
2.9.	—	3.9.1942	Geleitfahrt nach Suda-Bucht
3.9.	—	4.9.1942	Geleitfahrt nach Piräus
5.9.	—	6.9.1942	Geleitfahrt nach Suda-Bucht
6.9.	—	7.9.1942	Geleitfahrt nach Piräus
9.9.	—	10.9.1942	Geleitfahrt nach Suda-Bucht
13.9.	—	16.9.1942	Geleitfahrt nach Tobruk
16.9.	—	18.9.1942	Geleitfahrt nach Piräus
20.9.	—	21.9.1942	Geleitfahrt nach Iraklion
21.9.			Geleitfahrt nach Suda-Bucht
23.9.	—	24.9.1942	Geleitfahrt nach Tobruk
24.9.	—	25.9.1942	Geleitfahrt nach Piräus
29.9.	—	30.9.1942	Geleitfahrt nach den Dardanellen
30.9.	—	1.10.1942	Geleitfahrt nach Suda-Bucht
1.10.	—	12.10.1942	Minenunternehmen
23.10.	—	24.10.1942	Sonderaufgabe nach Saloniki
26.10.	—	28.10.1942	Sonderaufgabe nach Piräus
29.10.	—	2.11.1942	Sonderaufgabe nach den Dardanellen
2.11.	—	4.11.1942	Geleitfahrt nach Bengasi
4.11.	—	6.11.1942	Geleitfahrt nach Italien
7.11.	—	10.11.1942	Geleitfahrt nach Leros
12.11.	—	13.11.1942	Geleitfahrt nach Iraklion
13.11.	—	14.11.1942	Geleitfahrt nach Piräus
17.11.	—	19.11.1942	Geleitfahrt nach den Dardanellen
21.11.	—	22.11.1942	Sonderaufgabe nach Saloniki
22.11.	—	27.11.1942	Geleitfahrt nach Iraklion-Suda und zurück
1.12.	—	3.12.1942	Geleitfahrt nach Iraklion-Piräus
8.12.	—	10.12.1942	Geleitfahrt nach den Dardanellen und zurück nach Leros
12.12.	—	13.12.1942	Geleitfahrt nach Piräus

Statt Beschreibungen und Wiederholungen gebe ich einfach den nüchternen und sachlichen Text des Antrages des Admiral Ägäis, Förste, für mein Ritterkreuz vom November 1942 wieder:

»Begründung des Befehlshabers Admiral Ägäis bei Vorschlag des Kpt.z.See *Johannes-*
son zum *Ritterkreuz* des Eisernen Kreuzes:

Kapitän zur See Johannesson ist seit Kriegsbeginn Zerstörerkommandant und führte bis
April 1942 das Kommando des Zerstörers *Erich Steinbrinck.* Er erhielt in dieser Stellung das E.K. II. Klasse, am 13.12.1939 das E.K. Erster Klasse und wurde am 4.11.41
vom Führer der Zerstörer bereits einmal zur Verleihung des Ritterkreuzes vorgeschlagen. In der Begründung für den damaligen Antrag war vom F.d.Z. unter anderem ange-
führt worden, daß Johannesson seinen Zerstörer über rund 30 000 sm erfolgreich
24 Minen- und Handelskriegsunternehmungen durchgeführt habe, davon 5 offensive
Minenunternehmungen an der englischen Küste; insbesondere habe sich Johannesson
am 17.10.40 im Gefecht deutscher Zerstörer mit überlegenen englischen Streitkräften im
Kanal dadurch ausgezeichnet, daß er mit Kesselhavarie im schwersten feindlichen Feuer
liegend aus eigenem Entschluß einen Torpedoangriff machte, hierbei einen englischen
Kreuzer torpedierte und den Gegner zwang, die Verfolgung der deutschen Zerstörer
aufzugeben. Bei Abgabe des Kommandos erhielt er *das deutsche Kreuz in Gold.*
Seit Mai 1942 ist er Kommandant des früheren griechischen, jetzt deutschen Zerstörers
Hermes. Er hat die Indienststellung des beschädigten Schiffes mit äußerster Energie
betrieben und den Zerstörer in ungewöhnlich kurzer Zeit gefechtsbereit gemacht. Ohne
Probefahrten und ohne längere Ausbildungszeit ist der Zerstörer seitdem fast ununter-
brochen im Geleitdienst tätig. Er hat bisher nach Kreta und den Dardanellen 19 und
nach Afrika 13 Hin- und Rückgeleite ausgeführt. Außerdem wurden von ihm 2 Minenunternehmungen geleitet, eine davon südlich von Kreta. — Trotz zahlreicher U-Boots-
und Fliegerangriffe hat er in allen Fällen seine Geleite unversehrt in den Zielhafen
gebracht, während gleichzeitig aus anderen Geleiten heraus eine große Anzahl von
Dampfern versenkt wurden.
Ein vor Alexandrien schwer havariertes und kaum seetüchtiges deutsches U-Boot hat er
120 sm südlich Kreta aufgenommen und in den Hafen geleitet. Mit dem sicheren Geleit
von zahlreichen Dampfern hat Johannesson einen wesentlichen Anteil an der Kriegsfüh-
rung. Von entscheidender Bedeutung waren folgende zwei Afrika-Geleite: Geleit 6 000 t
Tankdampfer *Rondine* mit Luftwaffenbenzin aus Suda nach Tobruk 23. — 24.9. Der
Dampfer hatte bald nach Auslaufen aus Suda Maschinenschaden, *obgleich alle sonsti-*
gen Überlegungen für Kehrtmachen sprachen, hielt Johannesson im Hinblick auf die
Benzinstoff-Knappheit in Afrika durch, wehrte in Vollmondnacht mehrere feindliche
Bomben- und Torpedoflugzeuge ab und brachte den wertvollen Dampfer in den Zielhafen. Er erhielt für diese Unternehmung eine besondere Anerkennung durch den Oberbefehlshaber der italienischen Kriegsmarine. Geleit der Dampfer *Potofino, Gualdi* und
Col die Lona aus Piräus nach Bengasi 2. — 4.11.1942. Das Geleit war nach Beginn der
englischen Afrika-Offensive von entscheidender Bedeutung, da die Dampfer zusammen
7 000 t Benzin, 1 400 t Munition, 3 800 t Proviant wie zahlreiches sonstiges Nach-
schubgut geladen hatten. Es war besonders stark gesichert durch den Zerstörer und drei
Torpedoboote. Die Führung lag bei dem einzigen deutschen Zerstörer, während die
übrigen 8 Fahrzeuge die italienische Flagge führten. Der Geleitzug wurde bei Tage

durch die feindliche Luftaufklärung erfaßt. Taktisch richtig teilte Kapitän z.S. Johannesson nach Einbruch der Dunkelheit, bevor der englische Luftangriff einsetzte, das Geleit, indem er einen Dampfer für die Dauer der Nacht nach Westen mit 2 Sicherungsfahrzeugen absetzte. Der feindliche Luftangriff richtete sich nunmehr allein gegen das von ihm geführte Restgeleit. Der bald darauf einsetzende englische Angriff mit zahlreichen Bombenflugzeugen zersplitterte durch Abwehrfeuer, Werfen von Nebelbojen und Einnebeln des Verbandes. *Vor allem aber zog er durch Vorbeilaufen am Geleitzug mit hoher Fahrt und scharfes Nebeln* den größten Teil der Bomben auf seinen Zerstörer, so daß die Flugzeuge erwartungsgemäß hauptsächlich auf das am besten sichtbare Ziel warfen. Im umnebelten Anschluß erfolgte ein Torpedoflugzeugangriff, den Johannesson durch geschicktes Manövrieren auffing, so daß der Torpedo den Zerstörer und den Dampfer knapp verfehlte. Er erreichte mit allen Fahrzeugen unbeschädigt den Zielhafen.

Bei allen Operationen hat Johannesson sich als ein draufgängerischer, zum Einsatz drängender, tapferer Offizier gezeigt, der zugleich hervorragendes seemännisches und taktisches Können besitzt.

In der dauernden Zusammenarbeit mit den italienischen Streitkräften hat er sich bei diesen besonderes Vertrauen erworben.«

Diesen Antrag band die Besatzung in Leder: »Möge unser Kommandant, den wir auf allen Fahrten lieben und schätzen gelernt haben, möglichst lange an Bord des Zerstörers *Hermes* verbleiben. Aus der Verehrung zu unserem Kommandanten ist dieses kleine Werk entstanden.« Ich schäme mich nicht, dies hier zu erwähnen. Kann ein Seeoffizier Schöneres erreichen, als das Vertrauen seiner Besatzung? Am 7. Dezember 1942 wurde mir das Ritterkreuz verliehen.

Die strategische Lage war schwierig. Rommel hatte seinen Vorstoß nach Ägypten unternommen mit der Flankenbedrohung seines Nachschubs durch Malta und Alexandria. Die Insel war durch die Luftwaffe fast niedergekämpft; ich hatte den Befehl zur Erstürmung im Verein mit der italienischen Flotte schon an Bord. Entgegen dem Rat des Deutschen Marinekommandos Italien in Rom wurde im letzten Moment der Befehl rückgängig gemacht. Ein Fehler, der sich bitter rächen sollte.

Auf eine Unternehmung möchte ich noch kurz eingehen: Am 16. November hörte ich bei der Doro-Durchfahrt eines Geleites von zwei Dampfern, eines deutschen U-Jägers und eines italienischen Sicherungsfahrzeuges, ein merkwürdiges und schwer zu erklärendes Geräusch. Ich vermutete, es könne ein Torpedo eines U-Bootes sein, der am Felsen detoniert war. Ich fuhr mit langsamer Fahrt einen Kreis und suchte mit meinem Gerät. Und richtig, kurz darauf meldete der Orter einwandfrei ein U-Boot, das sich in dem engen Fahrwasser in einer hoffnungslosen Lage befand. Als Geleitführer übergab ich das geortete U-Boot dem U-Boot-Jäger. Bald erhielten wir die Meldung, daß das griechische U-Boot *Triton* vernichtet sei und erhebliche Gefangene gemacht worden seien. Mein Verzicht auf den eigenen Triumph war sachlich berechtigt, aber ich weiß doch nicht, ob ich diesen Erfolg nicht meiner eigenen Besatzung hätte gönnen sollen. — Erstaunlicherweise sind wir bei allen unseren Geleit-Unternehmen nie von britischen Überwasserstreitkräften angegriffen worden.

Am 2. April 1943 endete mein Kommando. Von der italienischen Marine erhielt ich als Abschiedsgeschenk eine 30 cm hohe Kopie des bekannten Hermes von Cellini. Das Original steht in Florenz.

Ich war zum Chef der 4. Zerstörer-Flottille ernannt worden. Sie war noch im Aufbau und umfaßte die sieben neuesten und stärksten Zerstörer: *Z 31, Z 32, Z 33, Z 34, Z 37, Z 38* und *Z 39.* Ich konnte hoffen, mit Ihnen zum Einsatz zu kommen und Entscheidendes für die weitere Seekriegführung beizutragen.

Gleichwohl sah ich schweren Herzens von der Akropolis aus meine *Hermes* unter meinem Nachfolger dem Kanal von Korinth zustreben. Böse Ahnungen machten mir das Herz schwer. Über die Umstände ihres Unterganges habe ich nie etwas Sicheres gehört; sie soll nach Ausfall der Maschine durch nahen Bombeneinschlag von der Besatzung selbst versenkt worden sein. Das überlebende Personal besuchte ich in Deutschland — welch' schmerzliches Wiedersehen! Die Besatzungsmitglieder treffen sich — ebenso wie die von *Erich Steinbrinck* — mit ihren Frauen alljährlich. Für mich ist die Teilnahme immer rührend und erhebend. Vielleicht erfahre ich mit dem Vertrauen und der Anhänglichkeit der Männer das Beste, was mir in meiner Marinezeit zuteil wurde.

Meine Rückreise führte mich durch Berlin, wo ich den Leiter der Marinepersonalamtes, Konteradmiral Baltzer, aufsuchte. In Athen hatte ich guten Kontakt mit dem Korvettenkapitän Liedig, der Sachbearbeiter beim Bevollmächtigten des Reichskommissars für die Seeschiffahrt in Griechenland war. Dieser hatte mir anvertraut, daß es im diametralen Gegensatz zur Marine im Heer eine Oppositionsgruppe gebe, deren Haupt der frühere Chef des Generalstabes, General Beck, sei. Nach dem Desaster vor Moskau, den Niederlagen bei El Alamein und Stalingrad war der Krieg endgültig verloren. Mit Baltzer war ich zwar nicht befreundet, vier Dienstjahre Unterschied standen dem entgegen, aber wir waren zwei Jahre Wachoffiziere auf demselben Torpedoboot gewesen und mochten uns.

Ich schlug Baltzer vor, mich gegen den Marineadjutanten Hitlers, Kapitän zur See v. Puttkamer, auszutauschen. Puttkamer war wie ich Zerstörerfahrer; und als früherer Adjutant beim Chef der Marinestation der Ostsee, Konteradmiral Hansen, hatte ich die notwendige Erfahrung, so daß aus meiner Sicht einem Tausch nichts entgegenstand. Ich meinte, es sei gut, wenn endlich ein Frontoffizier mit Ritterkreuz und

Deutschem Kreuz in Gold frische Luft in die Etappenatmosphäre am Hofe Hitlers bringen würde. Baltzer lehnte kategorisch ab — Hitler liebe in seiner Umgebung keinen Wechsel.

Chef der 4. Zerstörerflottille

Am 6. April 1943 übernahm ich die 4. Zerstörerflottille. Ich setzte meinen Flottillenstander zunächst auf Z 33. Da Zerstörer und Torpedoboote schiffbaulich nur eine Kajüte hatten, mußte der Führerbootskommandant für den Flottillenchef die Kajüte räumen und in eine gewöhnliche Offizierkammer ziehen. Der Kommandant zeigte offen seinen Unwillen und räumte nur zögernd, wobei er ein ihm gehörendes Hitlerbild — Hitler in Zivil mit einer Dogge — hängen ließ. Dies war kein dienstliches Bild. Ich bestrafte den erstaunten Kommandanten mit einem Verweis wegen Ungehorsams, weil er die Kajüte nicht unverzüglich und vollständig geräumt habe. Eine Beschwerde legte er nicht ein. Nach einigen Wochen stieg ich auf Z 29 über, mit dessen Kommandanten, Korvettenkapitän v. Mutius, mich bis zu dessen Tode eine tiefe Freundschaft verband. Nach einem Jahr wechselte ich auf Z 38. Auch hier entwickelte sich bald ein hervorragendes Verhältnis mit dem Kommandanten, Korvettenkapitän Frhr. v. Lyncker.

Nach der Erprobung und Ausbildung in der Ostsee verlegte ich in den hohen Norden, in den Alta-Fjord, wo ich am 18. Juli eintraf. Dort lag die Kampfgruppe, bestehend aus den beiden Schlachtschiffen *Tirpitz* und *Scharnhorst*, dem Schweren Kreuzer *Lützow* und einigen Zerstörern. Ich verhehlte nicht meine Sorge, welches Schicksal diese ansehnliche Kampfgruppe wohl erfahren würde: Es kam weitaus schlimmer, als wir befürchteten.

Die Alliierten hatten während der Sommermonate den Konvoiverkehr nach Murmansk eingestellt. In Scapa Flow waren die ersten amerikanischen Schlachtschiffe und Kreuzer zur Verstärkung der britischen Kräfte eingetroffen.

Unser Hauptproblem war der Mangel an Treibstoff. Wir konnten nicht zu Schießübungen in See gehen. Der Ausbildungsstand der Besatzungen und ihre Seegewöhnung waren deshalb nur mäßig.

Ich besuchte jeden Zerstörer. In meinen Ansprachen vor den Besatzungen wies ich darauf hin, daß ich im Mittelmeer einen englischen Zerstörer geführt hätte und daher wisse, wieviel stärker und besser die deutschen Zerstörer seien. Ein großer Teil der Offiziere war mir bereits bekannt.

Mit dem 1. Admiralstabsoffizier der Kampfgruppe, Kapitän zur See Reinicke, verstand ich mich ausgezeichnet. Ich hielt ihn für einen besonders befähigten Offizier. Mit dem Befehlshaber der Kampfgruppe, Admiral Kummetz, hatte ich nur losen Kontakt.

In den nächsten Monaten führten wir drei Unternehmungen durch: den Angriff auf Spitzbergen, die Minenlegeoperation im Weißen Meer und die Unterstützung der *Scharnhorst* beim Unternehmen »Ostfront«.

Wohl hauptsächlich zum Einfahren der Kampfgruppe und zur Seegewöhnung und Gefechtsausbildung der Besatzungen war ein Handstreich auf Spitzbergen geplant. Die im Eis-Fjord liegenden Stützpunkte und industriellen Anlagen sollten vernichtet werden. Der Schwerpunkt lag in Barentsburg, wofür meine Flottille vorgesehen und ein Landungskorps des Granadierregimentes 349 eingeschifft war.

Am Abend des 6. September verläßt unsere Kampfgruppe Alta. Am 8. September gegen 2.00 Uhr kommen die bläulich schimmernden Gletscher von Spitzbergen auf einer Entfernung von 25 km klar in Sicht.

Wir befinden uns jetzt auf etwa 78° nördlicher Breite. Eine Stunde später tauchen die gewaltig und urwüchsig schroffen schwarz-braunen, spitzen Felsberge empor. Im ersten Morgenlicht schimmern die mächtigen Gletscher in den Tälern bläulich, weiß, etwas rötlich. Das flache Land ist eintönig braun — kein Baum, kein Strauch, kein Grün, obwohl wir im »Grön«-Fjord von Spitzbergen operieren. Barentsburg steht durch den Beschuß der beiden Schlachtschiffe in Flammen, offensichtlich ist unser Einlaufen vorher bekanntgeworden. Es kommt darauf an, durch schnelles Zupacken jeden Widerstand zu brechen. Unsere ungepanzerten und empfindlichen Zerstörer sind trotz ihrer guten Bewaffnung gegen energisch geführte, auf den Höhen eingebaute Artillerie- und Flakstellungen im Nachteil und für längeres Feuergefecht gegen die Küste grundsätzlich ungeeignet — ganz zu schweigen von der großen Entfernung von unserer Basis und dem Mangel an Reparaturmöglichkeiten. Wir steuern mit dem Führerboot Z 29 den Anleger von Barentsburg unter starkem Beschuß der Landbatterien an und erhalten mehrere Treffer. Wir erwidern das feindliche Feuer. Der Anleger ist zum Festmachen denkbar ungeeignet, er besitzt nur einen kleinen Poller. Der Kommandant löst seine Aufgabe, die Landungstruppen auszuschiffen, hervorragend durch ein geschicktes Manöver. Wir können nun eine Spring befestigen und halten den Zerstörer mit den Schrauben an der Pier. Die Ausschiffung der Heerestruppen im feindlichen und eigenen Feuer vollzieht sich planmäßig. Z 33 wird derartig eingedeckt, daß ich in ernster Sorge um das Boot bin. Es scheint bewegungsunfähig, Dampf strömt aus dem Maschinenraum. Ich habe eine erhebliche Zahl Treffer beobachtet. Das feindliche Feuer wird aber schwächer, nachdem Z 33 sich weiter entfernt von Barentsburg hält.

Sein Landungskorps geht jetzt mit Hilfe des Verkehrsbootes als willkommene Unterstützung an Land. Der Angriff an Land entwickelt sich flüssig; unter geschickter Ausnutzung des Gerölls ersteigen die Landser das Steilufer. Der Widerstand wird gebrochen. Die ersten Gefangenen — Norweger in englischer Uniform — treffen ein. Ich gehe an Land und betrachte die Verwüstungen und Zerstörungen, teilweise auch als Folge der Artillerie der *Tirpitz*.

Auf dem Führerboot werden einige 10,5 cm- und 3,7 cm-Treffer festgestellt, teilweise unter der Wasserlinie. Wir haben drei Tote und drei mittelschwer Verletzte. *Z 33* meldet ebenfalls eine größere Zahl Treffer im Schiffsrumpf und der Maschine sowie zwei Tote und mehrere Schwerverletzte.

Die Trefferschäden werden mit Nachdruck beseitigt, nach eineinhalb Stunden sind beide Zerstörer wieder klar. Ich melde dem Befehlshaber. Seine Antwort: »An Chef 4. Z-Flottille: Ausspreche Anerkennung, schneidige und erfolgreiche Durchführung Landungsmanöver.«

Um 8 Uhr beginnt die Wiedereinschiffung, die gegen 9 Uhr beendet ist. Wegen der Ebbe sitzt *Z 29* zunächst fest, kommt aber bald mit eigener Kraft frei. Mittags sammelt der Verband und beginnt gegen 12 Uhr den Rückmarsch.

Mittlerweile hat es auf 6 bis 7 Windstärken aufgebrist. Die beschädigten Zerstörer fahren in Lee von *Tirpitz* und *Scharnhorst*, wo sie ruhiger liegen und deshalb weniger strapaziert werden.

Die unvergeßliche Silhouette verschwindet langsam im Norden. Der Rückmarsch aus Spitzbergen erfolgt ohne Zwischenfälle. Am 9. September laufen wir gegen 17 Uhr im Alta-Fjord ein. Die für Zerstörer ungewöhnliche Aufgabe hat die Besatzungen mit Selbstvertrauen erfüllt.

Gerade, weil ich mit meinem Vorgesetzten im Kriege auf nicht so gutem Fuß stand wie mit meinen Besatzungen, will ich sie auch einmal zu Wort kommen lassen:
Der Befehlshaber der Kampfgruppe: »Schneidiges Verhalten *Z 29, Z 33, Z 31,* unter Führung Kpt.z.S. Johannesson verdient Hervorhebung.«
Der Führer der Zerstörer: »Ausspreche größte Anerkennung für Unternehmung am 8.9. ... Mein heißer Dank gilt den Flottillenchefs, den Kommandanten und Besatzungen, besonders dem Kpt.z.S. Johannesson und den Zerstörern *Z 29, Z 33, Z 31,* deren schneidiges Verhalten unter Führung des Flottillenchefs hervorgehoben wird.«
Der Oberbefehlshaber der Kriegsmarine: »Ich freue mich über die erfolgreiche Durchführung der Unternehmung durch die Kampfgruppe und besonders über den tapferen Kampf der Zerstörer.«

Am 26. Oktober 1943 geht das Stichwort »Katharina« ein: Wir erhalten den Auftrag, ein Seegebiet bei Kap Kanin im Ostausgang des Weißen Meeres durch drei Sperrstücke zu verminen. Hierzu werden drei Zerstörer meiner Flottille mit je 50 Minen und 20 Reißbojen bereitgestellt. Die operative Führung liegt beim Admiral Nordmeer, die taktische beim Chef der 4. Zerstörerflottille. Nach dem Operationsbefehl erfolgt der Hinmarsch abgesetzt von der Küste, beim Rückmarsch wird der russische Verkehrsweg zwischen Kap Kanin und Murmansk abgekämmt und das feindliche Vorposten- und Bewachersystem aufgerollt. Mir ging, so erinnere ich mich, durch den Kopf: »Kanin Noss, das ist ja ganz schön weit von Swinemünde!«

Da nach der Feindlage des Operationsbefehls feindliche gesichtete Schiffe in drei bis fünf Seemeilen Abstand von der Küste fahren, beantrage ich, den Rückweg nicht wie vorgesehen etwa 20 Seemeilen, sondern je nach Lage in einem näheren Abstand zur Küste durchzuführen. Der Antrag wird abgelehnt. Die klugen Leute an Land!

Die Aufgabe ist in erster Linie vom Wetter abhängig. Ich gehe von der bisherigen Gewohnheit ab, daß der Führerzerstörer Kampfzerstörer ist: Ich nehme selbst Minen an Bord, um persönlich den Einfluß von Seegang und Wind auf die Minenlast beobachten zu können. Damit fallen auf meinem Boot die achteren drei Geschütze und der achtere Torpedorohrsatz für Gefechtseinsätze aus, was ich zum Nutzen der Unternehmung in Kauf nehmen zu müssen glaube. Am 27. Oktober marschieren wir um 20.00 Uhr mit vier Zerstörern durch die Schären und treten in den freien Seeraum der Barentssee ein. Schneeböen und Seegang sind für die Minenlast gerade noch erträglich. Der Kriegsmarsch erfolgt ohne Vorkommnisse. Mittags gehen Funksprüche ein über Feindmeldungen. Einmal ist die Rede von 9 Zerstörern und 6 Vorpostenbooten mit Kurs 90 Grad, ein anderes Mal von 2 leichten Kreuzern und 9 Zerstörern in Kiellinie.

Aus meinem Kriegstagebuch:

»Ich vermag einen Entschluß erheischenden Zusammenhang zwischen der Feindmeldung und unserer Aufgabe nicht zu erkennen, es wird durchgehalten.
Zur Meldung selbst ist zu sagen:
1. Die Zusammensetzung Zerstörer und Vorpostenboote unwahrscheinlich,
2. Kreuzer und Zerstörer in Kiellinie unverständlich,
3. Verhalten der feindlichen Streitkräfte mehr als ungewöhnlich (geringe Fahrt, Nebeln, bei Annäherung eigener Aufklärung), Anwesenheit eines Flugbootes lassen als einzig mögliche Erklärung die Annahme eines unserer Aufklärung entgangenen Konvois zu.
Dies ist für unsere Aufgabe nicht ungünstig, der Schwerpunkt der feindlichen Aufklärung dürfte damit ostwärts von uns liegen. Für morgen, unseren kritischen Tag, können wir mit geringerer feindlicher Flugtätigkeit rechnen, nachdem der Gegner seinen Geleitzug ungehindert in sein Küstenvorfeld gebracht hat.«

Um 16.20 Uhr trifft jedoch vom Admiral Nordmeer folgender Funkspruch ein: »›Katharina‹ abbrechen. Einlaufen«, sogar mit Kurs- und Fahrtbefehl. Ich funke zurück: »Halte Durchführung Aufgabe im gegenwärtigen Zeitpunkt für günstig.« Die Anwort: »Abbruch der Unternehmung bleibt bestehen«. Ich gehorche. Am nächsten Morgen laufen wir in den Kaa-Fjord ein. Ich notiere in meinem Kriegstagebuch: »Es ist unerfreulich, mit starken und schnellen Zerstörern in See zu sein, um bei erster Feindmeldung die See verzugslos dem Gegner zu überlassen.«

Mein Kriegstagebuch vom 29. Oktober enthält folgende Lagebeurteilung:

»Ich nehme nicht an, daß der Abbruch der Aufgabe nur auf Grund der heutigen Feindmeldungen eines Flugbootes vom Typ *BV 138* erfolgte, da

1. diese Meldungen in der Form, in der Zusammensetzung der Formation und dem Verhalten des Gegners nicht überzeugend sind und
2. nach der Wetter- und Öllage ein Auf- und Abstehen im gegenwärtigen Seeraum bis zur Einsicht des fraglichen Seeraums und der Feindhäfen Archangelsk und Murmansk durch unsere Luftwaffe abgewartet werden könnte, zumal es sich um vier unserer neuesten und schnellsten Zerstörer handelt.

Der bei der Flottille eingeschiffte B-Trupp liefert ebenfalls keinen Anhalt. Ich hoffe, daß wir unter Umständen eine Ausweichaufgabe zugeteilt bekommen. (Minensperre in anderem Seegebiet, Raid gegen Murmanskküste oder dergl.).«

Das Flottenkommando stellt sich in einer schulmeisterlichen Stellungnahme auf die Seite des Admiral Nordmeer, Klüber, der sich — typisch — vor seinem Abbruchbefehl der Zustimmung des Flottenchefs, Schniewind, versichert hatte. Meine Beschwerde wurde vom Flottenkommando nie beantwortet.

Mein Durchhaltewunsch wurde nicht nur zurückgewiesen, sondern sogar die Tatsache eines solchen gerüffelt. Alles mir gegenüber, der ich vier Jahre an der Front jeden Auftrag erfolgreich durchgeführt hatte. Und alles von einem Flottenchef, der weitab in Kiel saß und nicht wie sein britischer Kollege von einem Schlachtschiff im Nordmeer führte.

Hießen nicht unsere Schiffe *Scharnhorst, Blücher, Gneisenau, Hipper*? Scharnhorst, der als eigentlicher Kriegsminister bei Bautzen in der Linie der Reiterei tödlich verwundet wurde. Blücher, der bei Ligny unter seinem gestürzten Pferde um ein Haar in Gefangenschaft geraten wäre. Gneisenau, der die geschlagenen Preußen Napoleon in die Flanke führte und damit bei Waterloo den endgültigen Sieg errang. Hipper, der seine Schlachtkreuzer gegen das übermächtige Gros der Grand Fleet führte, den roten Doppelstander im Vortopp. Und heute?

Ich spreche nur von den Überwasser-Streitkräften. Die U-Boot-Waffe habe ich immer bewundert, ein wenig Neid konnte ich nicht unterdrücken. Die U-Boot-Männer waren würdig der Helden des Leonidas »wie das Gesetz es befahl«.

Auf den Geist der Männer der U-Boot-Waffe sollte sich die Tradition der Bundesmarine gründen! Eine Seekriegsleitung, die — wie seinerzeit beim Unternehmen »Regenbogen«, dem abgeschlagenen Angriff der überlegenen deutschen Kampfgruppe auf einen schwach gesicherten britischen Geleitzug am Silverstertag 1942 in der Barentssee — dem Befehlshaber in See funkt: »Verhalten am Feind: Bereits bei gleichstarkem Gegner Zurückhaltung üben, da Eingehen größeren Risikos für Kreuzer unerwünscht«, hat nicht in Rechnung gestellt, daß die eigene Stärke nicht nur in den Kanonen, sondern in der Führungskunst des Befehlshabers, seinen Fähigkeiten, seinem Mut und seiner Willenskraft beruht. Hierzu drei literarische Anmerkungen:

Schlieffen: Der bräunliche Hirtenknabe David, der die Philister besiegen soll, wird von Samuel zum König, d.h. zum Feldherrn gesalbt. Der neunjährige Hannibal wird vor dem Altar des Baal zum Feldherrn geweiht. Zu Napoleon ist kein Hohepriester gekommen. Dennoch war bereits der korsische Knabe vom »feu sacré« durchglüht. Der Sohn der Revolution, ein zweiter Prometheus, wird sich das Feuer vom Himmel gestohlen haben.

Clausewitz: Und so sind denn auch die meisten Gegenstände, welche wir in diesem Buche durchlaufen, halb aus physischen und halb aus moralischen Ursachen und Wirkungen zusammengesetzt und man möchte sagen: die physischen erscheinen fast nur wie das hölzerne Heft, während die moralischen das edle Metall, die eigentliche, blank geschliffene Waffe sind.

Admiral Frazer: der britische Flottenchef im Nordmeer: Als Churchill ihm den Posten als Erster Seelord der Admiralität anbot, erwiderte er: »Sehr gern, aber erst nach Vernichtung der *Scharnhorst*.« Und so geschah es.

In meinem langen Marineleben stehen mir besonders drei schwarze Tage vor Augen: auf der *Schlesien* die Abdankung des Kaisers 1918, auf dem Zerstörer *Erich Steinbrinck* der Kriegsausbruch 1939 und bei der 4. Zerstörerflottille die Tragödie der *Scharnhorst* am Nordkap 1943.

Die Operation »Ostfront« der *Scharnhorst* am 25. Dezember 1943 gegen zwei britische Geleite war der letzte Einsatz deutscher schwerer Überwasserstreitkräfte im Zweiten Weltkrieg. Als Chef der 4. Zerstörerflottille nahm ich mit meinen Zerstörern *Z 29*, *Z 30*, *Z 33*, *Z 34* und *Z 38* an dieser Unternehmung teil.

Zuvor einige Vorbemerkungen zur Lageentwicklung im Nordmeer und zu unserer Befehlsgliederung: Der für die Unterstützung der Roten Armee wichtige Nachschub erfolgte hauptsächlich auf dem Nordweg durch die Murmansk-Geleite. Im März 1943 wurde in Nordnorwegen aus den beiden Schlachtschiffen *Tirpitz* und *Scharnhorst*, dem schweren Kreuzer *Lützow* und meiner 4. Zerstörerflottille eine neue Kampfgruppe zur Bekämpfung der Murmansk-Geleite gebildet. Diese Massierung schwerer deutscher Überwasserstreitkräfte im Alta-Fjord erhöhte das Risiko für die alliierten Geleitzüge, so daß diese eingestellt wurden. Sicherungskräfte der Homefleet standen nicht zur Verfügung, da diese vorrangig im Atlantik eingesetzt wurden.

Am 22. September 1943 wurde die *Tirpitz* durch einen erfolgreichen Angriff dreier britischer Klein-U-Boote so schwer beschädigt, daß sie bis zum März 1944 ausfiel. Ende September verlegte die *Lützow* zur Werftüberholung nach Kiel. Mit dem Ausfall dieser beiden Einheiten war die Kampfkraft der Kampfgruppe entscheidend gemindert; die Kräftebalance verschob sich deutlich zugunsten der Alliierten. Diese nahmen ihre Geleite mit starken Sicherungskräften wieder auf.

Trotz der beiden großen Ausfälle sah die Seekriegsleitung die nunmehr nur aus der *Scharnhorst* und meinen Zerstörern bestehende Kampfgruppe für eine aussichtsreiche Geleitzugbekämpfung noch als stark genug an. In ihrer Weisung vom 20. November 1943 über die »Seekriegführung im Winter 1943/44« hatte die Seekriegsleitung nochmals betont, daß die Kampfgruppe bei günstiger Gelegenheit gegen ein Murmansk-Geleit anzusetzen sei. Die Entscheidung über den Einsatz behielt sich der Oberbefehlshaber der Kriegsmarine vor.

Die deutsche Führungsorganisation sah wie folgt aus: Der Befehlshaber der Kampfgruppe, Admiral Kummetz, war der Seebefehlshaber vor Ort. Er unterstand dem Admiral Nordmeer, damals Konteradmiral Klüber, der als vorgeschobene Dienststelle des Marinegruppenkommandos Nord nicht dem Flottenkommando unterstellt war. Klüber leitete den operativen Einsatz der Seestreitkräfte in Nordnorwegen. Sein Stab war auf dem Aviso *Grille* in Narvik eingeschifft. Darüber führte das Flottenkommando, das in Kiel im März 1943 mit dem Marinegruppenkommando Nord zu einem operativen Führungsstab vereinigt wurde. Flottenchef und in Personalunion Oberbefehlshaber des Marinegruppenkommandos Nord war Generaladmiral Schniewind. Höchster Operationsstab war die Seekriegsleitung im Oberkommando der Kriegsmarine in Berlin. Der Oberbefehlshaber der Kriegsmarine, Großadmiral Dönitz, war — wie sein Vorgänger — damals noch in Personalunion Chef der Seekriegsleitung.

Im Herbst 1943 gab es in Alta Gerüchte, der Befehlshaber der Kampfgruppe wolle den bevorstehenden Winter nicht hier oben in der ewigen Nacht verbringen, er werde seinen Heimaturlaub antreten. Ich fand es unmöglich, sich von seinem Verbande abzusetzen, aber seine Flagge als entleertes Symbol hier wehen zu lassen. Ich lud den Admiral zum Abendessen auf mein Führerboot und beschwor ihn mit Hilfe meines Flaggkapitäns, von seinem Vorhaben abzusehen — ohne Erfolg. Als Vertreter des Befehlshabers der Kampfgruppe wurde unter Beibehaltung seiner bisherigen Aufgaben als Führer der Zerstörer Konteradmiral Bey ernannt. Als Führer von Schnellbooten, Torpedobooten und Zerstörern besaß Bey einen guten Ruf. Seine Abneigung gegen große Schiffe war bekannt und wurde etwas belächelt. Sein besonderes Interesse galt dem Schiffbau.

Als Persönlichkeit erfreute er sich der besonderen Achtung seiner Untergebenen. Er war ein hoch angesehener Offizier sowie ein beliebter und geachteter Kamerad und Vorgesetzter. Ich war zeitweise sein Flaggkapitän. Obwohl ich stets ein unbequemer Untergebener gewesen bin, war unser Verhältnis nicht ein einziges Mal getrübt: Seine Kameradschaftlichkeit, seine Art, die Sache stets über die Person zu stellen, seine Zivilcourage gegenüber seinen Vorgesetzten machten die Zusammenarbeit mit ihm zur reinen Freude.

Als Vertreter des Befehlshabers der Kampfgruppe führte Bey seine Zerstörer weiter. Dies wurde ihm durch einen Fernschreiberanschluß auf der *Tirpitz* ermöglicht. Diese Führungsmöglichkeiten waren auch der Grund für Bey, nicht auf der gefechtsklaren *Scharnhorst,* sondern auf einem Schiff außer Kriegsbereitschaft einzusteigen. Das Flottenkommando billigte offensichtlich dieses Verfahren. Admiral Bey lag mit der *Tirpitz* und zwei Zerstörern im Kaa-Fjord, die *Scharnhorst* und ich mit drei Zerstörern im Lang-Fjord. So hatte ich mit Bey nur losen Kontakt.

Als Admiral Bey aus Kiel in Alta eintraf, berichtete er mir über Differenzen zwischen dem Flottenchef, Generaladmiral Schniewind, und ihm. Hierbei ging es um seinen Wunsch, Kapitän zur See Reinicke als 1. Admiralstabsoffizier im Stab der Kampfgruppe zur Verfügung zu haben. Dies habe der Flottenchef für überflüssig gehalten, da angesichts der schlechten Materiallage vor dem Frühjahr 1944 keine Einsätze gegen die alliierten Murmansk-Geleite zu erwarten seien. Angesichts dessen müsse er, Bey, seine Ernennung zum Vertreter des Befehlshabers der Kampfgruppe als eine Art Strafkommando betrachten.

Auch der Admiral Nordmeer, Klüber, ging auf Heimaturlaub. Er wurde durch den Führer der U-Boote Norwegen, Kapitän zur See Peters, vertreten. Sein Stab war zudem personell recht ausgedünnt. Auf der *Scharnhorst* hatte erst im Oktober 1943 der Kommandantenwechsel von Kapitän zur See Hüffmeier auf Kapitän zur See Hintze stattgefunden.

Diese Personalsituation an der Spitze der Stäbe gab mir zu einer entsprechenden Bemerkung in meinem Kriegstagebuch Veranlassung. Ich berichtete über die Stimmung im Fjord und schrieb zum Schluß: »Der Gesamteindruck dieser beabsichtigten Vertretungskommandierungen erinnert allgemein an den 21. Oktober 1939.« Der Befehlshaber der Kampfgruppe bat mich, dies in meinem Kriegstagebuch zu streichen. Dies lehnte ich ab. In meinen Augen war dies eine Feststellung, die zu verschweigen kein Anlaß vorlag. Sie war auch erforderlich, um Flotte und Seekriegsleitung über die Stimmung an der Front zu unterrichten. Die Formulierung hatte ich so gewählt, daß der Sinn nur Eingeweihten erkennbar war. Der 21. Oktober 1939 war der Tag, an dem seinerzeit der Flottenchef und des weiteren der Befehlshaber der Aufklärungsstreitkräfte, der Führer der Torpedoboote und mein Flottillenchef abgelöst wurden. Der Flottenchef schickte mir folgendes Schreiben, das als Zeitdokument wörtlich wiedergegeben wird:

Marinegruppenkommando Nord   Den 3. Dezember 1943
   und Flottenkommando
   B.Nr. P 926 A2 PERSÖNLICH
An Chef 4. Zerstörer-Flottille
— *persönliche Anschrift* —
Nachrichtlich: Führer der Zerstörer
      — persönliche Anschrift —
      Befehlshaber der Kampfgruppe
      — persönliche Anschrift —

Betrifft: K.T.B. 4. Z-Flottille vom 16. — 30.9.1943

In den Schlußbemerkungen des Chefs zu seinem Kriegstagebuch befindet sich unter Ziffer 5) nachstehender Satz: »Der Gesamteindruck dieser beabsichtigten Vertretungskommandierungen erinnert allgemein an den 21. Oktober 1939.«
Ich muß dem Kapitän zur See Johannesson mein Befremden über diese Bemerkung zum Ausdruck bringen.
Ich fasse diese Äußerung, sowohl hinsichtlich der jetzt erfolgten Vertretungskommandierung als auch in Bezug auf den 21.10.39, als eine völlig unangebrachte Kritik an Maßnahmen der höheren Führung auf, die der Flottillenchef in keiner Weise übersehen kann und deren Beurteilung in dieser Form ich als unzulässig ansehe.
Ich ersuche, in Zukunft derartige Bermerkungen im K.T.B. zu unterlassen.

                                   gez. *Schniewind*

Drei Wochen nach dieser »völlig unangebrachten Kritik an jetzt erfolgter Vertretungskommandierung« starben ein überforderter Admiral und 1 800 Mann in den eisigen Fluten des Nordmeeres tapfer den Seemannstod.
Die sachlich zutreffende Bemerkung in meinem Kriegstagebuch hat meine Karriere in höheren Positionen an der Front beendet. Nicht zu fassen!
Am 22. Dezember 1943 erfaßte die Luftwaffe einen Geleitzug von Island kommend auf Ostkurs etwa 250 Seemeilen westlich des Nordkaps. Diese Aufklärungsmeldung übermittelte die Seekriegsleitung am 24. Dezember dem in Paris befindlichen Oberbefehlshaber der Kriegsmarine. Auf Vorschlag des Flottenchefs gab Großadmiral Dönitz am 25. Dezember seine Zustimmung zum Einsatz der Kampfgruppe. Damit wurde von höchster Stelle den Bedenken des stellvertretenden Admirals

Nordmeer gegen einen solchen Einsatz nicht Rechnung getragen. Kapitän zur See Peters hielt die Unternehmung wegen der Wetterlage, der unzureichenden Luftaufklärung und der Unsicherheit über eine feindliche Unterstützungsgruppe nicht für durchführbar. Der Flottenchef wußte bei seinem Vorschlag zur Auslösung des Stichwortes »Ostfront«, daß die Kampfgruppe infolge Ölmangels nicht eingefahren war und daß die Besatzungen teilweise nicht seefest waren. Auch waren ihm die Beurlaubungen und Vertretungskommandierungen bei der Kampfgruppe und beim Admiral Nordmeer bekannt.

Das Stichwort »Ostfront« ging am Nachmittag des 25. Dezember bei uns ein. Meine Zerstörer machten Dampf auf und warteten auf das Eintreffen von Admiral Bey. Bey fuhr mit dem Schlepper zwei Stunden von der *Tirpitz* vom Kaa-Fjord zum Lang-Fjord. Während dieser Fahrt schrieb er seinen Operationsbefehl. Der Befehl wurde durch Wurfbeutel den Zerstörern zugestellt. Der Grundsatz in unserer Friedensausbildung, jede Operation vor Beginn ausführlich und gründlich zu besprechen, wurde bei dieser schwierigen, waghalsigen Unternehmung über Bord geworfen. Als wir aus den Fjorden in die offene See hinaustraten, empfing uns ein Süd-West, Stärke 8, mit entsprechender hoher und langer Dünung. Beys Plan sah vor, nach Osten auszuholen, den Geleitzug auf seinem Gegenkurs anzugreifen und zwar die Zerstörer in einem Aufklärungsstreifen 10 Seemeilen vor der *Scharnhorst*. Ich enthalte mich jeder Kritik an diesem Operationsplan. Als wir schon vier Stunden in See standen, ging vom Oberbefehlshaber der Kriegsmarine gegen Mitternacht folgender Funkspruch ein: »Taktische Lage geschickt und wagemutig ausnutzen. Gefecht nicht mit halbem Erfolg beenden. Größte Chance liegt in überlegener Artillerie *Scharnhorst*, deshalb ihren Einsatz anstreben. Abbrechen nach eigenem Ermessen. Grundsätzlich abbrechen bei Auftreten schwerer Streitkräfte.«

In stürmischer Nacht, bei schweren Brechern und mit seekranken Männern hatte ich kaum Neigung, diesem Funkspruch aus Berlin eine besondere Bedeutung beizumessen. Außerdem war es befremdlich, einem Befehlshaber in See von Land aus detaillierte Anweisungen über Waffeneinsatz und taktisches Verhalten zu geben. Beides mußte vorher geübt und gekonnt sein. Jetzt war es zu spät.

Ohne bei mir vorher anzufragen, ließ Bey der Flotte funken: »Im Operationsgebiet voraussichtlich Süd-West 6 bis 8. Waffenverwendung Zerstörer stark beeinträchtigt. Fahrtbeschränkung.« Diese Durchbrechung der Funkstille schadete uns wahrscheinlich. Die Flotte antwortete: »Wenn Zerstörer See nicht halten können, kommt Durchführung Aufgabe nach Art Kreuzerkrieg mit *Scharnhorst* allein in Frage. Entscheidung durch Befehlshaber.« Jetzt fragte mich der Befehlshaber mit der Klappbuchse nach den Möglichkeiten des Waffeneinsatzes meiner Zerstörer bei der derzeitigen Wetterlage.

Obwohl nicht völlig ehrlich, stehe ich noch heute zu meiner Anwort: »Bei achterlicher See und Wind bisher keine Schwierigkeiten; jedoch keine Beurteilungsgrundlage. Ich rechne mit Wetterbesserung.« Natürlich konnte ich mit mehr als zehn Jahren auf Torpedobooten und Zerstörern beurteilen, daß eine Waffenverwendung nicht möglich und unsere Geschwindigkeit gegen die See auf etwa die Hälfte, also etwa 15 Knoten reduziert werden mußte. Für eine Wetterbesserung gab es keinen Anhalt.

Um 7 Uhr ging unser Verband auf 250 Grad mit 12 Knoten. Ich erinnere mich, daß der Befehl zur Aufnahme eines Aufklärungsstreifens 10 Seemeilen vor der *Scharnhorst* befehlstechnisch nicht einwandfrei war. Dies war beim Fehlen eines eingearbeiteten Stabes nicht verwunderlich. Jedenfalls entstand ein gewisses Durcheinander; bei Dunkelheit und Funkstille war ich nicht in der Lage einzugreifen. Gegen 8 Uhr war unser Kurs etwa 230 Grad. Dieser Kurs führte annähernd gegen Wind und See. Die Zerstörer, besonders die Turmzerstörer, holten mächtig über und nahmen viel Wasser an Deck, zum Teil erlitten sie Seeschäden und Wassereinbrüche. Gegen 9.30 Uhr sahen wir achteraus einige Leuchtgranaten in einer Entfernung von rund 12 Seemeilen. Bey meldete die Beschießung durch Kreuzer. Ich fühlte mich nicht berechtigt, ohne Befehl den Aufklärungsstreifen zu verlassen. Bey hatte die bessere Funkanlage und bessere Informationen. Natürlich war ich unruhig, als meine Lage geklärt wurde durch Beys Befehl um 10.27 Uhr: »4.-Z-Flottille Kurs 70 Grad 25 Seemeilen.« Welche Gründe oder welche Absichten diesem Befehl zugrunde lagen, wußte ich nicht.

Um 11.50 Uhr kam von Bey der Befehl: »Operieren gegen Quadrat 6365.« In meinem Kriegstagebuch kommentierte ich: »Gott sei Dank.« Nun war ich selbständig und durfte auf den Geleitzug operieren, der mittlerweile ein Ausweichmanöver nach Nordost, später nach Südost gemacht hatte. Ich sammelte die Flottille und hoffte, früher oder später in den Geleitzug einbrechen zu können. Z 33 war wegen Seeschäden bereits auf Heimatkurs. Genaue Zeit weiß ich nicht.

Da traf um 13.43 Uhr ein Funksignal ein: »4. Z-Flottille abbrechen.« Dieser Befehl überraschte mich. Mußte ich gehorchen? Zunächst versuchte ich, Zeit zu gewinnen. Im Mittelmeer habe ich erlebt, daß die Engländer in einem Fall zur Irreführung deutsch auf einer britischen Sendestation gefunkt hatten. So ließ ich zunächst den Funker vernehmen, ob aus dieser Gebeweise einwandfrei auf *Scharnhorst* zu schließen sei. Der Funker bejahte dieses. Natürlich war mir der Befehl »Abbrechen« sonnenklar. Zum Hinhalten bat ich um Klärung des Befehls. Dieser lautete dann 14.20 Uhr kategorisch: »Einlaufen.« Damit waren die Zerstörer entlassen, die gewonnene Stunde war vertan. Ich ging auf Heimatkurs. Ich wußte nichts von Bey. Hinterher vermutete ich, daß er die Einschläge der 20,3 cm-Granaten der Kreuzers

Norfolk als von einem Schlachtschiff herrührend beurteilt hatte. Als die britische schwere Unterstützungsgruppe mit dem Schlachtschiff *Duke of York* herangeführt worden war und das Feuer auf die *Scharnhorst* eröffnet hatte, war deren Schicksal besiegelt.

Der vorzeitig auf Heimatkurs gegangene Kommandant von *Z 33* stieß auf zwei vom Geleitzug abgekommene Frachter. Er versenkte sie nicht, da nach seiner Ansicht die Seeschäden und das Wasser im Vorschiff einen Angriff verhinderten. Ich stellte ihn vor die Wahl: Kriegsgericht oder Ablösung. Er wählte die Ablösung. Sein neues Kommando war das Oberkommando der Kriegsmarine. Daß er mir nicht grün war, ist ihm eigentlich nicht zu verdenken, hatte aber für mich ärgerliche Folgen, da er Dönitz' Ohr erreichte.

Mit meinen restlichen Zerstörern erreichte ich unbehelligt Alta. Mir stellte sich die Frage, ob ich den zweiten Befehl von Admiral Bey hätte ignorieren und den Geleitzug angreifen müssen, zumal ich in dessen unmittelbarer Nähe stand. Hätte nicht ein erfolgreicher Einbruch meiner vier Zerstörer eigene Verluste aufgewogen und die letzte große Unternehmung der Kriegsmarine hinsichtlich der Versenkungserfolge befriedigender gestaltet?

Ich dachte an die Statuten des Maria-Theresia-Ordens, der von der österreichischen Kaiserin im Dritten Schlesischen Krieg nach der Schlacht von Kolin, der ersten Niederlage des preußischen Königs, gestiftet worden war. Entgegen der landläufigen Meinung, daß dieser Orden für befehlswidrig errungene Erfolge gestiftet worden war, heißt es in den Statuten: »Wo sich die Selbständigkeit und eigene Initiative als eine vorbedachte Mißachtung und Nichtbefolgung eines erhaltenen Befehls herausstellt, da kann von einem anerkennenswerten Verdienst keine Rede sein, da vermag selbst eine nach dem Erfolge glänzende Waffentat die Ordenswürdigkeit nicht zu begründen.«

Clausewitz wog zwischen Kühnheit und Gehorsam ab: »Nur wo die Kühnheit sich gegen den Gehorsam auflehnt, wo sie einen ausgesprochen höheren Willen geringschätzend verläßt: da muß sie, nicht um ihrer selbst willen, sondern wegen des Ungehorsams, wie ein gefährliches Übel behandelt werden, denn nichts geht im Kriege über den Gehorsam.« (›Vom Kriege‹, 3. Buch, 6. Kapitel, [15]1937, S. 145). Nelsons berühmte eigenmächtige Wendung der drei Schlußschiffe bei St. Vincent 1797 erfolgte im genialen Erraten der Absicht seines Flottenchefs Admiral Jervis. — Dennoch war ich mit mir unzufrieden; ich kann nicht sagen, was ich falsch gemacht hatte. Doch bis heute nagt diese Unruhe an mir. Bei der Frage, ob ich taktisch das Äußerste getan habe, geht es vor allem um drei Überlegungen:

1. In dem Operationsbefehl Beys war ein Aufklärungsstreifen meiner fünf Zerstörer in dem ungewöhnlich großen Abstand von 12 Seemeilen vorgesehen. Ich bin über-

zeugt, bei einer Vorbesprechung hätte ich Bey hiervon abgeraten. Der Geleitzug von 40 Frachtern, durch das schlechte Wetter zweifellos auseinandergerissen, war unschwer zu finden.

Wäre es richtig gewesen, in See meine abweichende Ansicht mit der Klappbuchs Bey hinüber zu morsen? Ich meine nicht.

2. Meine Antwort, die den Einfluß des schlechten Wetters auf die Zerstörer betraf: »vor der See gut, gegen die See kein Urteil« — hätte Bey auf den Gedanken bringen können, von Süden oder von Südwesten vor der See anzugreifen. Statt uns mit Seeschäden und Seekrankheit herumzuschlagen, hätten wir uns ganz auf unsere Aufgabe konzentrieren können und wären beim Auftreffen auf den Feind und vorher im Besitz unserer überlegenen Geschwindigkeit gewesen. Hätte ich auch dies Bey mit Klappbuchs sagen müssen? Daß wir auf diese Weise die britischen Kreuzer ausmanövriert hätten, wäre ein Glücksfall gewesen, der natürlich nicht vorauszusehen war.

3. und hauptsächlich: Hätte ich bei Erkennen der Leuchtgranaten den Aufklärungsstreifen eigenmächtig verlassen und auf die *Scharnhorst* sammeln sollen, gemäß dem Grundsatz, niemand handelt völlig verkehrt, wenn er auf den Kanonendonner zuhält? Da von Bey kein entsprechender Befehl einging, beurteilte ich die Lage so, daß wir jeden Augenblick auf den Geleitzug stoßen würden und Bey unseren Angriff durch Bindung der aus Kreuzern bestehenden Sicherungskräfte erleichtern wollte. Ob ein Sammelbefehl auf die bei dem herrschenden Seegang schnellere *Scharnhorst* überhaupt möglich war, bleibt dahingestellt. Unterstellen wir, ich hätte ohne Beys Befehl den Aufklärungsstreifen verlassen und damit den Geleitzug verfehlt, dann hätte ich durch Ungehorsam den Mißerfolg des Unternehmens zu verantworten gehabt. Hätte ein zu größerer Freiheit erzogener britischer Flottillenchef anders gehandelt? Ich glaube kaum. Andererseits weiß ich, nicht die Ratio allein entscheidet. Der Seekrieg ist eine Kunst, kein Handwerk und keine Wissenschaft.

Bei einer Vorbesprechung wären wahrscheinlich all diese Fragen erörtert worden. Es ist allgemein bekannt, daß Nelson seine Kapitäne immer wieder auf seinem Flaggschiff versammelte und im Kreis der »band of brothers« immer wieder seine taktischen Absichten diskutierte. Ich habe nie begriffen und begreife heute nicht, was im Kopf der Seekriegsleitung vorging, einen nicht eingefahrenen Verband, zumal ohne Möglichkeit einer Vorbesprechung, den erprobten Briten entgegenzustellen. Welche Hybris!

Ich konnte auch keinen Trost in dem Fernschreiben von Großadmiral Dönitz finden:

»Fernschreiben an Chef der 4. Zerstörerflottille
Geheime Kommandosache
Ersehe aus bisher vorliegenden Unterlagen unter Zustimmung Ziffer 4 richtiges Verhalten bei letzter Geleitzugoperation. Erkenne Willen, an Feind zu kommen, auch unter schwierigen Verhältnissen, besonders an.

gez. Großadmiral Dönitz«

Und auch nicht aus folgender Stellungnahme der Flotte:

Stellungnahme Gruppe Nord/Flotte zum KTB
4. Z-Flottille vom 16. — 31.12.1943
Der Flottillenchef wurde bei der Geleitzugoperation vor eine sehr schwierige Aufgabe gestellt. Die Zerstörer wurden weder vor dem Auflaufen noch im Verlaufe der Operation durch den B.d.K. über seine Gefechtsabsichten unterrichtet. Die Feindlage war unklar und die Wetterlage äußerst ungünstig. Der Flottillenchef hat sich trotzdem seiner Aufgabe in jedem Augenblick gewachsen gezeigt. Es hat gut mitgedacht und selbständig die zweckmäßigsten Entschlüsse gefaßt, die von dem Gedanken getragen waren, an den Feind heranzukommen. Es war richtig, die Zerstörer nach Freigabe des Angriffs durch den B.d.K. geschlossen an den Feind heranzuführen. Es ist zu bedauern, daß dem Flottillenchef ein Erfolg versagt geblieben ist, der aber nach Lage der Dinge auch bei viel Glück kaum erwartet werden konnte.

Für das Marinegruppenkommando
Nord
und Flottenkommando
Der Chef des Stabes
gez. Unterschrift.«

Mit dem Untergang der *Scharnhorst* war eine Periode von Versuchen selbständiger deutscher Seegeltung beendet; von der Denkschrift des Prinzen Adalbert, den Tirpitzschen Flottengesetzen und der Hochseeflotte bis zu Raeders Schlachtschiffen und Schlachtkreuzern. Deshalb möchte ich einige Bemerkungen anschließen: Erstens und vor allem glaubte Admiral Bey nicht an den Erfolg des Unternehmens. Er glich eher dem österreichischen General v. Benedek vor seiner Niederlage bei Königgrätz 1866 als dessen siegesgewissem preußischen Gegenspieler General v. Moltke. Beys Trauma war das plötzliche Eingreifen einer schweren amerikanischen Unterstützungsgruppe. Aus seiner negativen Lagebeurteilung hat er keinen Hehl gemacht und sie auch in seinem Kriegstagebuch festgehalten. Er war zudem weder durch frühere Verwendungen und Schulungen noch innerlich auf diesen Auftrag vorbereitet. Ich hatte ihm — wenn auch vergeblich — wiederholt vorgeschlagen, mich mit möglichst vielen Zerstörern auf die Murmansk-Geleite anzusetzen, da wir schneller und stärker als die Briten waren.

Zu seinem hart mit Bey ins Gericht gehenden Vortrag vor Hitler hatte Großadmiral Dönitz zwar das in Kiel an Land sitzende Flottenkommando, aber weder den Befehlshaber der Kampfgruppe, der in Kiel seinen Urlaub verbrachte, noch mich geladen. Ein Sitzungsteilnehmer erinnert sich, daß der Oberbefehlshaber der Kriegsmarine die überaus wichtige Tatsache der Vertretungskommandierungen unerwähnt ließ. Auch von dem radargesteuerten Feuer der Briten fiel kein Wort. Damit vernachlässigte er Ciceros Mahnung, nichts als die Wahrheit zu berichten, aber auch keine Wahrheit zu unterschlagen. Ich bedaure noch heute, daß ich keine kriegsgerichtliche Untersuchung beantragt habe, auch wenn deren Einleitung abgelehnt worden wäre.

In England wäre die ganze Sache vor den Court of Inquiry gekommen. Für die Stimmung im Führerhauptquartier ist eine Bemerkung des Marineadjutanten v. Puttkamer bezeichnend. Er schreibt in seinen Erinnerungen, das britische Schlachtschiff sei von Kreuzern und Zerstörern unterstützt worden, während die eigenen Zerstörer nicht zur Stelle waren ...! Aus dem OKW berichtete lange nach dem Krieg P.-H. Schubert in einem Leserbrief, den er auf meinen Artikel im Marineforum über den *Scharnhorst*-Untergang schrieb:

»Im Spätsommer 1943 wurde ich aus dem Stabe des Führers der Zerstörer in das Oberkommando der Wehrmacht versetzt, aus Norwegen unmittelbar ins Führerhauptquartier/Wolfsschanze. Am Spätnachmittag des ersten Weihnachtsfeiertages, dem 25.12.43, teilte Admiral Voß, s.Zt. Bevollmächtigter im Führerhauptquartier, zur Überraschung der anwesenden Kameraden mit: ›Die *Scharnhorst* und eine Zerstörerflottille sind ausgelaufen und zur Entlastung der bedrängten Ostfront auf den für Murmansk bestimmten Geleitzug angesetzt‹. Meine spontane Reaktion: ›Das darf doch nicht wahr sein, die werden dort abgeschossen, bevor sie den Gegner bemerkt haben!‹ Anschließend berichtete ich noch aus frischer Erfahrung, wie es tatsächlich um die Gefechtsbereitschaft der deutschen Verbände im hohen Norden stand und wie sehr der Gegner, der sich seit Wochen in See befand, bei der herrschenden Wetterlage, Sturm und Dunkelheit, überlegen, uneingeschränkt gefechtsklar war.
Admiral Voß wies mich zurecht. Generaloberst Jodl beendete die Kontroverse mit der Bemerkung: ›Admiral Voß, wir — die Wehrmachtführung — haben das Auslaufen der *Scharnhorst* nicht gefordert‹.«

Abschließend: Hätte ich die Unternehmung geführt, ich hätte nicht geduldet, daß ein mir unterstellter Flottillenchef eigenmächtig seine Position im Verband verläßt.

Die nächste Zeit in Alta ohne *Scharnhorst* war trübe. Einen kleinen Lichtpunkt, nicht heroisch, aber menschlich gab es, verschlossen in der Geheimkammer meines Herzens: Ich hatte alle meine Männer nach Hause gebracht. Mangel an Mut oder an Zivilcourage warf ich mir nicht vor. Aber hatte ich taktisch das Äußerste des Möglichen getan? Diese Frage blieb und bleibt für mich offen.

Nach dem Verlust der *Scharnhorst* kehrte der auf Urlaub befindliche Befehlshaber der Kampfgruppe, Admiral Kummetz, nicht zu uns zurück. Unter Beförderung zum Generaladmiral wurde er zum Oberbefehlshaber des Marinekommandos Ostsee — der früheren Marinestation der Ostsee — ernannt.

Die Personalentscheidungen für den Befehlshaber der Kampfgruppe, mit dessen Geschäftswahrnehmung ich bis Ende Januar beauftragt worden war, und für den Führer der Zerstörer gingen an mir vorbei. Zwei andere Offiziere wurden in diesen Positionen eingesetzt. Ich hielt dies für eine Brüskierung meiner Leistungen und meiner Person. Vermutlich war es die Antwort des Flottenchefs auf meine im Kriegstagebuch geübte Kritik an den Verhältnissen im Alta-Fjord und damit an seiner Mitverantwortung der Katastrophe der *Scharnhorst*. Im Frieden hätte ich meinen Abschied genommen.

Nach dem Verlust der *Scharnhorst* fanden keine Unternehmen der Kampfgruppe mehr statt. Ich versuchte — soweit dies bei dem knappen Brennstoff möglich war —, die Gefechtsausbildung meiner Zerstörer zu verbessern.

Wie ich schon meine Vorgesetzen über mich zu Wort kommen ließ, will ich auch einmal ein Urteil meiner Untergebenen jener Zeit zitieren (Quelle: »Männer — Schiffe — Schicksale«, Band 5, Zerstörer *Z 34*):

»Der Chef
›Jungchen, Jungchen‹. So redete er, Kapitän zur See Johannesson, seine jungen Seeleute an — ob Leutnant, Seekadett oder Heizer.
Die Waffenleiter aber zitterten ob seiner Kritik nach dem ›Gefechtsbildfahren‹, denn er beherrschte Taktik und Technik, und er sah alles.
Da ging's denn auf der Schanze zu wie weiland beim alten Großadmiral Koester, dem Exerziermeister der Kaiserlichen Flotte. ... ›... Also, T.O., warum wurden nach der Wendung Lage und Reichentfernung nicht laufend gemeldet?‹
›... Herr Kapitän, melde gehorsamst, ich war nach Störungszettel ausgefallen.‹
›... Herr Oberleutnant! Meine Herren! Dann wünsche ich, wenn wieder einmal ein Waffenleiter den Heldentod stirbt, daß seine Waffe nicht auch in den Orkus verschwindet!‹
Beim ›Chef‹ eingeladen zu werden, war etwas besonderes. Da lernten ihn seine Offiziere ohne ›Gefechtsbild‹ kennen. In seiner Kajüte stand eine Bronzeplastik von ›Hermes‹, dem griechischen Götterboten. Er hatte den Zerstörer gleichen Namens im Mittelmeer geführt, bevor er Chef der 4. Z-Flottille wurde, und dabei die britische Mediterranian Fleet in Atem gehalten. Dafür war er mit dem Ritterkreuz ausgezeichnet worden. Aber es war nicht nur dieser Kriegsschauplatz, der sein Denken prägte.
Abendgespräche führte er sokratisch und zog seine Partner in Gedankengänge, die sie in der Marine nicht gewohnt waren.
So zog er einmal zur militärischen ›Lagebeurteilung‹ den griechischen Geschichtsschreiber Thukydides heran und dessen Buch über den Peloponnesischen Krieg:

›… damals richteten sich Athen und Sparta in einem 30jährigen Krieg gegenseitig zugrunde: Es drängt sich seit 1914 der Vergleich mit England und Deutschland auf …‹ Seine Besatzungen begrüßten nach ›Achmed‹ Beys Tod die Ernennung ihres Chefs zum Führer der Kampfgruppe. Er kannte ihre Leistungsfähigkeit trotz materieller Unterlegenheit und Ölmangel, er kannte Nordnorwegen, das Eismeer und den Gegner. Die Enttäuschung war groß, als ihr Chef nicht F.d.K. blieb. (Warum nur nicht?) Wie fein das Gespür der Seeleute für die Fähigkeiten (oder Grenzen) eines Führers war, ersieht man daraus, daß sie schon damals seinen Namen verwandelten: ›Johann Nelson‹.«

Im Frühjahr 1944 besichtigte ich zwei mir truppendienstlich unterstellte Zerstörer in Bordeaux. Auf der Rückreise meldete ich mich bei dem Oberbefehlshaber des Marinegruppenkommandos West, Admiral Krancke, in Paris. Ich fragte, ob es nicht zweckmäßig sei, meine Zerstörer aus Nordnorwegen an die Kanalküste zu verlegen im Hinblick auf eine alliierte Landung. »Die müßten ja Tinte gesoffen haben, wenn sie kämen«, lautete die selbstbewußte Antwort.

Am 5. April griffen britische Trägermaschinen in mehreren Wellen die *Tirpitz* an. 15 Bomben trafen. Erhebliche Personalverluste und materielle Schäden waren die Folge. Bei der Beisetzung der über 100 gefallenen Besatzungsangehörigen der *Tirpitz* habe ich als stellvertretender Befehlshaber der Kampfgruppe folgende Ansprache gehalten:

»Als Vertreter des Führers der Kampfgruppe und Eures verwundeten Kommandanten fällt es mir zu, im Namen der Streitkräfte und des Troßschiffverbandes des Alta-Fjords das Wort zu Eurer Ehrung zu ergreifen.
Dieses große Grab meiner toten Kameraden ist kein Graben, der Euch Toten von uns Lebendigen trennt. An unserer Verbundenheit hat der 5. April 1944 nichts geändert. Unser gemeinsames, hartes, schweres Schicksal war, in einem unfreien Land leben zu müssen. Ja, die meisten wurden in einem unfreien Land geboren, da es unseren Vätern trotz ihres Mutes nicht vergönnt war, uns ein freies Land zu übergeben. Unser gemeinsames Schicksal war es, das Erringen des köstlichsten Gutes der Menschheit, ein freies Vaterland zu erleben. Unser gemeinsames hartes, aber ehrenvolles Schicksal ist der Kampf um die Erhaltung für Freiheit, um sie unseren Kindern zu übergeben. Und unser gemeinsames Schicksal wird es sein, einstmals die Soldaten dieses großen Krieges gewesen zu sein. In einigen Jahrzehnten bereits ist es unerheblich, wann wir Soldaten dieses Kampfes ohne Beispiel zur Großen Armee, zu unseren Vätern und Brüdern abberufen werden.
Ihr habt das Eure bereits getan! Und habt Euer Leben darangesetzt! Eure frei gewordenen Gefechtsstationen werden nun auf uns übergehen, werden von uns besetzt werden. Gott allein weiß, wann wir sie unseren Nachfolgern übergeben oder ob uns der Befehl zukommen wird, das Schwert mit Pflug zu vertauschen. Schlaft ruhig, Kameraden! Ohne Befehl verläßt niemand von uns Eure Station.

Ihr hattet ein gutes Los: In einer Gemeinschaft von Freien habt Ihr einen guten Kampf gekämpft. Euer Auge hat in der Frühe des 5. April an einem sonnigen Morgen, der Euer großes Schiff in ein helles Licht tauchte, Euer letzter Blick hat diesem Schiff gegolten, das Ihr erhalten habt. Was gilt da der Einzelne? Nein, unser Schmerz um Euer Scheiden ist keine Trauer. Unsere Sehnsucht nach Euch ist frei von Mitleid für Euch. Wir sind stolz auf Euch! Und unvereinbar mit Klage um Euch!

Unsere Klage, die gehört Euren Frauen, Euren Eltern, Euren Bräuten, Euren Kindern und Euren Brüdern. Möge Gott sie stärken, ihnen helfen, und möchte das Ergebnis dieses Krieges der Schwere und Größe ihres Verlustes entsprechen. Wir neigen uns in Ehrerbietung vor Euren Angehörigen. Ihr toten und tapferen Kameraden!

Damit habe ich heute zu Ende gesprochen. Und wieder und wieder werden wir von Euch sprechen. Auf Wache und an Deck, auf See und in den Wartezeiten. Und auch allein im Zwiegespräch auf einsamer Wache und in unserem Kämmerlein. Der Wind, der diesen norwegischen Waldfriedhof, wo Eure sterbliche Hülle mit den Zerstörerkameraden von Spitzbergen ruht, die Kiefern um Euch herum, heben ein Flüstern an, dieser selbe Wind, der über unsere Schiffe streicht und die Wellen macht. Dieser Wind wird Eure und unsere Stimmen gemeinsam weitertragen: ›Leb' droben, o Vaterland, und zähle nicht die Toten, Dir ist, Liebes, nicht einer zu viel gefallen‹.«

Während Stalin den »Großen vaterländischen Krieg« verkündete und sich bis zur Erringung des Sieges den Teufel um die politische Einstellung der Soldaten kümmerte, wenn sie nur den Invasoren heldenmutig widerstanden, verfuhr Dönitz umgekehrt. Er verlangte fanatisch nationalsozialistische Gesinnung; vielleicht mit Ausnahmen, aber im Prinzip. Ich weiß auch von vorzugsweisen Beförderungen trotz fortgesetzter Mißerfolge. Mein Dilemma ist offenkundig: eine schmerzhafte Mischung von Dichtung und Wahrheit mit einem Schuß Unwahrheit. —

Nach der erfolgreichen Landung der Alliierten in der Normandie am 6. Juni 1944 war der Krieg endgültig verloren. Die Invasion verhinderte den Besuch des Feldmarschalls Rommel, der für die Abwehr der Invasion verantwortlich gewesen war, bei Hitler. Doch er schrieb an Hitler einen klaren, schonungslosen Brief, in dem er auf 97 000 Tote, darunter rund 2 160 Offiziere (28 Generale und 354 Kommandeure) hinwies. »Die Truppe kämpft allerorts heldenmütig, jedoch der ungleiche Kampf neigt sich seinem Ende entgegen. Ich muß Sie bitten, die Folgerungen daraus zu ziehen.«

Der 20. Juli 1944

Hitler hatte in seinem »Mein Kampf« geschrieben: »Wenn durch die Hilfsmittel der Regierungsgewalt ein Volkstum dem Untergang entgegengeführt wird, dann ist die Rebellion eines jeden Angehörigen eines solchen Volkes nicht nur Recht, sondern Pflicht.«

Funkspruch des Oberbefehlshabers der Kriegsmarine vom 21.7.1944 an die Kriegsmarine, hier Ausfertigung für den Chef der 4. Zerstörerflottille (Original im Besitz des Autors).

An Alle: (sofort vorlegen)

Allen Soldaten ist sofort durch die Kommandanten bekanntzugeben:

Soldaten der Kriegsmarine: Der heimtückische Mordanschlag auf den Führer füllt einen jeden von uns mit heiligem Zorn und Erbitterung gegen unsere verbrecherischen Feinde und ihre gedungenen Helfershelfer. Die Vorsehung bewahrte das deutsche Volk und seine Wehrmacht vor unvorstellbarem Unglück . Wir sehen in der Rettung des Führers eine erneute Bestätigung für die Gerechtigkeit unseres Kampfes. Wir werden uns nur noch enger um den Führer scharen. Wir werden nur noch härter bis der Sieg unser ist. --- Dönitz Grossadmiral ---

In Dönitz' Tagesbefehl vom 20. Juli an uns hieß es: »Der heimtückische Mordan-schlag auf den Führer erfüllt jeden von uns mit heiligem Zorn und erbitterter Wut gegen unsere verbrecherischen Feinde und ihre gedungenen Helfershelfer.« Die letzten Worte waren in meinen Augen eine unnötige Beleidigung der Männer des 20. Juli, denen ich mich innerlich verbunden fühlte. Nachdenklich entsann ich mich meines Wunsches vor fünf Vierteljahren, Adjutant Hitlers zu werden und der Ablehnung durch den Chef des Marine-Personalamtes.

Am nächsten Tage erhielten wir die Ausführungen des Marine-Oberbefehlshabers an die Männer der Kriegsmarine (»der geliebte Führer« und die »Schurken«). Ich verzichte auf die Wiedergabe dieses auch an mich gerichteten Zeitdokumentes. Interessierte können unschwer den Text in der einschlägigen Literatur nachlesen. In meinem Kriegstagebuch erwähnte ich dieses welthistorische Ereignis nicht. Lediglich am 23. Juli spöttisch: »Der O.d.M. (Oberbefehlshaber der Kriegsmarine) bittet den Führer, den bisherigen Gruß der Wehrmacht durch den Deutschen Gruß ersetzen zu dürfen als Ausdruck der Treue zum Führer und der Verbundenheit zur Partei. Der Führer gewährt die Bitte.« Meine Vorgesetzten hüllten sich in Schweigen.

Bekanntlich fehlte in der Marine jede Voraussetzung für einen Widerstand. Die fünfzehn Jahre überzogene Autorität Erich Raeders als Folge seines Traumas, nie wieder einen November 1918, hatte Früchte getragen: blinder Gehorsam gegenüber einer legalen, wie auch immer gearteten Regierung. Ein Schatten auf meinem Marineleben.

Was konnte ich tun?

In einem Brief an den Chef der Marine-Personalabteilung, Vizeadmiral Baltzer, schrieb ich: »Die Waffen werden entscheiden, ob Hitler ein Segen oder ein Fluch für Deutschland ist.« Das war natürlich ein starkes Stück. Baltzer schickte mir mei-nen Brief zurück. Als Zeitdokument seien beide Briefe abgedruckt:

Der in deutscher Schrift geschriebene Brief lautet:

»An den
Chef des Marinepersonalamtes
B e r l i n

An Bord, d. 11.8.44

Lieber Baltzer!

Haben Sie herzlichen Dank für Ihre Glückwünsche zu meinem Geburtstage. Erhalte ich von Ihnen einen Gruß, so steht immer unsere schöne W.O. Zeit auf der 2. Torp. Halbflot-tille mir vor Augen.

In diesen Tagen sprechen die Kanonen das letzte Wort darüber, ob wir damals mit Recht an die Auferstehung Deutschlands geglaubt haben und unser Leben und unsere Arbeit

An Bord, d. 11. 8. 44

Lieber Laltzer!

Haben Sie herzlichen Dank für
Ihre Glückwünsche zu meinem Geburtstage.
Erhalte ich von Ihnen einen Gruß, so steht
immer unsere schöne W.O. Zeit und
der 2. Tag. Zellstoffzelle mir vor Augen.
In diesen Tagen sprechen die Launen
des letzten Wort darüber, ob wir damals
mit Recht an eine Auferstehung Deutschlands geglaubt haben und unser Leben
u. unsere Arbeit richtig eingesetzt haben.
Dies wird zugleich entscheiden werden
uns die Frage, ob Adolf Hitler ein
Segen für Deutschland und eine Unheil
für Ghsland, Amerika und Rußen
ist oder ob er ein Fluch für Deutschland
und ein Heil für Ghsland, Amerika
u. Rußen wird. Gott schütze unser Vaterland,

Ihr
Ihnen Rolf Hammer

richtig eingeschätzt haben. Dies wird zugleich entschieden werden mit der Frage, ob Adolf Hitler ein Segen für Deutschland und ein Unheil für die Engländer, Amerikaner und Russen ist oder ob er ein Fluch für Deutschland und ein Heil für Engländer, Amerikaner und Russen wird.

Gott schütze unser Vaterland!

Ihr getreuer Rolf Johannesson«

Die Gefährlichkeit meiner Ausführungen an den Amtschef des Marinepersonalamtes für mich wird an zwei Willkür-Urteilen des Volksgerichtshofes deutlich: So wurde der Postschaffner Georg J. zum Tode verurteilt, weil er auf der Straße gesagt hatte: »Hitler werde bald nicht mehr leben.« Der Fabrikant Fritz B. wurde hingerichtet wegen der Äußerung: »Der Führer muß gehen, wenn er die Lage nicht mehr meistern kann.«

Die Antwort von Baltzer lautete:

Berlin, den 22. August 1944

»Lieber Johnsen!

Ihren Brief vom 11.8. habe ich erhalten. Ich bin äußerst erstaunt gewesen über die Ausführungen, die Sie am Schluß Ihres Briefes machen. Wir können diesen Krieg nur mit dem Nationalsozialismus gewinnen und jedes Abweichen von dieser Auffassung ist *dumm oder verbrecherisch.* Infolgedessen sind die Überlegungen, die Sie in dieser Richtung anstellen, absolut abwegig. Es kommt gerade in dieser kritischen Phase des Krieges darauf an, daß Jeder von uns von der Gewißheit und dem festen Glauben an unsere gute Sache und den Endsieg durchdrungen ist und diese Auffassung auf seine Umgebung ausstrahlt.

Wie können Sie als Flottillenchef Ihre Offiziere oder Ihre Soldaten richtig führen, wenn Sie im Innersten Ihres Herzens derartige Überlegungen anstellen. Mir ist das unverständlich. Gerade die Ereignisse des *20. Juli* sollten doch wohl Jedem gezeigt haben, wohin es führte, wenn Offiziere nicht klar und eindeutig sich aus *innerster Überzeugung* zum Nationalsozialismus bekennen.

Ich hoffe, daß ich Sie in Ihrem Briefe mißverstanden habe und Sie gar nicht das gemeint haben, was ich aus Ihren Zeilen herausgelesen habe. Für eine baldige Antwort wäre ich Ihnen dankbar.

Mit kameradschaftlichen Grüßen und Heil Hitler

Ihr (gez. Baltzer)«

Baltzer war, wie schon erwähnt, ein alter Kamerad von *T 156,* wo wir beide zwei Jahre lang Wachoffiziere gewesen waren. Ich vertrug mich mit ihm gut , wie liebten die Marine über alles, waren strebsam und ehrgeizig. Von Jugend an etwas zur Eitelkeit neigend, bildete ich mir ein, ihm sogar äußerlich etwas ähnlich zu sein. Baltzer hatte mittlerweile den Nationalsozialismus offenbar als eine Art Religion verstanden: Glauben, nicht denken.

Baltzers Antwort entsprach der wohl überwiegenden politischen Einstellung des Marineoffizierkorps. Hätte Baltzer meinen Brief aktenkundig gemacht, wäre es wohl um mich geschehen gewesen. Sein Verhalten war auch nicht ohne Gefahr für ihn selbst. Es belastete sein Vertrauensverhältnis zum Oberbefehlshaber der Kriegsmarine. Er weigerte sich auch gegenüber dem dienstälteren Oberbefehlshaber des Marineoberkommandos Norwegen, meine bereits ausgesprochene Kommandierung als Chef des Stabes dieses Oberkommandos in Oslo zurückzunehmen. Auch wäre es für ihn leicht gewesen, meine Beförderung zum Flaggoffizier zu vereiteln. Er handelte kameradschaftlich, schon die von ihm gewählte Anrede zeugt dafür: mit »Johnsen« sprachen mich eigentlich nur Crew-Kameraden an und solche Offiziere, mit denen mich eben ein Vertrauensverhältnis verband.

Im August 1944 wurde eine Tornisterschrift vom Oberkommando der Wehrmacht an die Einheiten verteilt, in der ein Vortrag des Reichsführers SS, Himmler, auf einer Befehlshabertagung in Bad Schachen im Oktober 1943 abgedruckt war. Hier ein Auszug:

»Es ist ganz klar, daß es in diesem Gemisch von Völkern immer wieder einige rassisch sehr gute Typen geben wird. Hier haben wir, glaube ich, die Aufgabe, deren Kinder zu uns zu nehmen, sie aus der Umgebung herauszunehmen, und wenn wir sie rauben oder stehlen müßten. Das mag unser europäisches Empfinden seltsam berühren, und mancher wird mir sagen: Wie können Sie so grausam sein, einer Mutter ihr Kind wegnehmen zu wollen. Darauf darf ich die Antwort geben: Wie können Sie so grausam sein, daß Sie einen genialen künftigen Feind auf der anderen Seite lassen wollen, der dann Ihren Sohn und Ihren Enkel umbringt. Entweder wir gewinnen das gute Blut, das wir verwerten können und ordnen es bei uns ein oder, meine Herren — Sie mögen es grausam nennen, aber die Natur ist grausam —, wir vernichten dieses Blut. Wir können es aber vor unseren Söhnen und unseren Ahnen nicht verantworten, dieses Blut drüben zu lassen, damit unsere Gegner fähige Führer und fähige Kommandeure bekommt. Es ist feige, wenn die heutige Generation sich um eine Entscheidung herumdrückt und sie den Nachkommen überläßt.«

Ob einer der anwesenden Befehlshaber (einige hundert Generale und Admirale) Bedenken geäußert oder gegen die Verbreitung an die Truppe Einwendungen erhoben hatte?
In einer dienstlichen Offiziersitzung kritisierte ich diese Ausführungen, die die Kommandeure offenbar widerspruchslos hatten über sich ergehen lassen. Ich sagte, daß der nationale Zweck nicht alle Mittel heilige, nämlich nicht Verstöße gegen die göttlichen Gesetze und gegen die Menschenwürde. Selbst der unchristliche Nietzsche habe von dem »unbekannten Gott« gesprochen.

Meine kritischen Äußerungen zu den ideologischen Verzerrungen des Reichsführers SS wurden dem Oberbefehlshaber der Kriegsmarine gemeldet, und zwar von dem abgelösten Kommandanten meiner Flottille, den ich bei Räumung seiner Kajüte für mich gebeten hatte, sein privates Hitlerbild mitzunehmen. Als Folge erhielt ich im November 1944 den ungewöhnlichen Befehl, mich beim Oberbefehlshaber zu melden. Der Amtschef des Marinepersonalamtes, Vizeadmiral Baltzer, und der Chef des Stabes des Oberkommandos der Kriegsmarine, Kapitän zur See v. Davidson, eröffneten mir, daß meine Angelegenheiten äußerst schlecht stünden. Man wisse nicht, wie es beim Großadmiral laufen würde: Alles sei möglich.

Nicht ohne innere Angst meldete ich mich zum Rapport. Ich mußte davon ausgehen, daß der Oberbefehlshaber wußte, daß ich ein Hitlerbild aus der Kajüte meines Führerbootes Z 33 hatte entfernen lassen. Schließlich war wegen des Entfernens eines Hitlerbildes und einiger unvorsichtiger Äußerungen der U-Boot-Kommandant Kapitänleutnant Kusch mit dem Tode bestraft und am 12. Mai 1944 in Kiel-Holtenau erschossen worden. — Dies alles ging mir durch den Kopf, als ich mich beim Oberbefehlshaber meldete. —

Der Großadmiral begrüßte mich frostig: Wenn mir Besatzungen anvertraut würden, hätte ich sie zum Fanatismus für Hitler zu erziehen. Nach zuverlässigen Nachrichten hätte ich es hieran fehlen lassen und sogar Kritik am Reichsführer SS geübt. Er stehe vor einer schweren Entscheidung.

Auf dieses war ich vorbereitet: ich hatte genügend Zeit gehabt, mir meine Verteidigung zu überlegen. Wie ich den »Löwen« einschätzte, wäre es verkehrt gewesen, im politischen Büßerhemd zu erscheinen. Meine Chance sah ich im Gegenteil in Sicherheit und Selbstvertrauen. Ich legte dar:

Mir sei bekannt, daß seine Information von einem ehemaligen Kommandanten meiner Flottille stamme, den ich vor die Wahl zwischen Kriegsgericht und Ablösung wegen Versagens vor dem Feind gestellt hätte. Sinnigerweise säße er jetzt im Oberkommando und damit in seinem Stabe. In der damaligen Offizierbesprechung hätte ich keine Kritik am Dritten Reich geübt, sondern Himmlers Pläne, aus Prag und Warschau den Eltern Söhne zu stehlen, als des Deutschen Reiches unwürdig bezeichnet. Er könne sich leicht über mich bei meinem früheren Vorgesetzten informieren. An Patriotismus ließe ich mich von niemand übertreffen.

Die von mir erwähnten, uns dienstlich mitgeteilten nationalsozialistischen Verbrechen interessierten Dönitz nicht. Meine Vergangenheit, antwortete er, sei ihm bekannt. Aber heute hätte die politische Einstellung Vorrang vor militärischen Leistungen. Es sei schlimm, daß ein höherer Offizier politisch verdächtig sei. —

Dagegen wandte ich ein: dann verstünde ich nicht seine *besondere* Anerkennung für meine militärischen Leistungen in letzter Zeit. Einmal für das Anlegen meines

Führerbootes an der Brücke in Barentsburg (Spitzbergen) im feindlichen Artilleriefeuer. Und beim Untergang der *Scharnhorst* am Nordkap wegen meines Willens, unter schwierigen Verhältnissen an den Feind zu kommen. — Dönitz wurde jetzt freundlicher und wir unterhielten uns eine Weile. Ich erwähnte, daß der Flottenchef, Admiral Meendsen-Bohlken, kürzlich in Alta nach einer Besichtigung öffentlich in seiner Manöverkritik erklärt habe, meine Flottille sei nach Ausbildung und Haltung die beste, die er je gesehen habe. Ich versicherte, bei einem britischen Landungsversuch stünde ich mit gezogenem Säbel auf dem Molenkopf.

Ich war nicht in die Knie gegangen. Das beweist auch der Schluß unserer Unterredung. Dönitz meinte, ich müsse doch wenigstens die hervorragende Erziehung der Hitler-Jugend anerkennen. Darauf antwortete ich: »Ich bedaure aufrichtig, Herr Großadmiral, daß ich Ihnen nicht folgen kann.« —

Danach trennten wir uns mit Handschlag. Als ich draußen war, holte ich tief Atem, ich war ein freier Mann, mir fiel ein Stein vom Herzen. Nach diesem Erlebnis darf mir niemand einen Vorwurf machen, wenn ich über Dönitz' Beteuerung, er habe nichts oder wenig von nationalsozialistischen Verbrechen gewußt, meine eigene Meinung habe. Zumal mir nach dem Krieg Dönitz' Rede vor dem Offiziernachwuchs an der Marineschule Mürwik (25. Januar 1944) bekannt wurde, in der er u.a. sagte: »Das deutsche Volk verdankt dem Führer schlechterdings alles, alles. Hätten wir den Führer nicht bekommen, gäbe es jetzt keinen Menschen mehr in Deutschland.«

Als Großadmiral Dönitz wenige Wochen später, Weihnachten 1944, nach Cuxhaven kam, vermied er jeden Kontakt mit mir. Als ich ihm 1957 als Befehlshaber der Flotte meinen Besuch machte, verlor er keine Silbe über dieses für die damalige Zeit charakteristische Gespräch.

Nach vierzig Jahren stehe ich noch vor demselben Rätsel: Was bewog den Oberbefehlshaber, einen Untergebenen zu maßregeln, weil er es gewagt hatte, ein nationalsozialistisches Verbrechen auch Verbrechen zu nennen? Welche Kontraste in meinem zerklüfteten Leben: drei Jahre später stand ich vor meinem neuen Dienstherrn, Pastor Martin Niemöller — Crew-Kamerad und Crew-Erster in Dönitz' Crew. Beide waren U-Bootkommandanten! —

In den letzten Monaten meines Kommandos kam es zu keinen erwähnenswerten Unternehmungen. Wir sicherten Geleite, das war unsere Aufgabe. Als die 20. Gebirgsarmee Norwegen räumte, verlegten wir nach den Fjorden östlich des Nordkaps und deckten den Rückzug von der Seeseite.

Ich lasse mein Kriegstagebuch vom 31. Oktober 1944 sprechen:

»*Allgemeines:* In der zweiten Hälfte Oktober sind für die Flottille — nachdem sie nach Überführung *Tirpitz* nach Tromsö zum Einsatz als schwimmende Batterie aus ihrer Trabantenrolle befreit wurde — die Folgen des finnischen Abfalls in seiner ganzen Tragweite für unsere Position im Norden zur Auswirkung gekommen. Aus ihrer 3/4 jährigen Zuschauerrolle erlöst, steht sie nun in der Flanke der Absatzbewegungen der 20. Gebirgsarmee. Das Auftreten russ. Zerstörer bei Makkaur ist bis jetzt als einmaliger Raid zu werten. Möglich, sogar wahrscheinlich, daß ohne Erscheinen der Flottille die leichten Küstensicherungsverbände und ihre Geleite der ständigen Bedrohung und Angriffen dieses, ihnen vielfach überlegenen, kampfkräftigen Gegners ausgesetzt gewesen wären.

Die Hauptrückzugsstraße, die Reichsstraße 50, führte an zahlreichen Stellen unmittelbar an der Küste entlang, für einen zur See überlegenen Gegner unabsehbare Möglichkeiten gebend. Es besteht die begründete Hoffnung, einer überholenden Landung oder ähnlichen Operation der Russen, mit den vorhandenen Seestreitkräften erheblichen Widerstand entgegensetzen zu können und zu vereiteln. Die Gruppierung der Flottille ist hierauf abgestellt. Zwei Zerstörer als Rückhalt der Vorpostenstreifen, dem Feind mehr an der Klinge in östlichen Fjorden unter Führung des Flottillenchefs, drei Zerstörer als U-Gruppe in einem westlichen Standort, der Luftbedrohung weniger ausgesetzt, um von außen dann hineinzustoßen. Bei einer westlich ansetzenden Aktion vertauschten beide Gruppen die Rolle.

Ganz anders ist die Lage, falls der Engländer sich aktiv einschaltet. Immer mehr und immer bestimmter werdende Nachrichten, die der Flottille in den letzten Tagen zugegangen sind, weisen in diese Richtung. Die Nachricht von heute Nacht, nach der englischer Verkehr und norwegische Telefone erfaßt sind, ist von besonderer Bedeutung. Für diesen Fall ist eine Konzentration der 5 Zerstörer vorzuziehen, um mit Aussicht auf einige Erfolge einem starken Gegner etwas gegenüberstellen zu können; dies sind nicht einzelne Zerstörer oder Rotten, sondern am besten die geschlossene Flottille, die durch die letzten Vorstöße, teilweise bei schlechtem Wetter, den letzten erforderlichen Schliff erhalten hat.«

Am 8. November 1944 wurde ich als Chef der 4. Zerstörerflottille abgelöst. Es war offensichtlich: Ich war in Ungnade gefallen, seit ich die Kommandierung des Zerstörerführers Bey zum stellvertretenden Befehlshaber der Kampfgruppe kritisiert hatte und dafür den harten Tadel des Flottenchefs einstecken mußte und weil ich die Kinderraubpläne Himmlers kritisiert hatte und mich deshalb zum Rapport melden mußte.

Die Entscheidung von Dönitz für den neuen Befehlshaber der Kampfgruppe und den neuen Führer der Zerstörer war nur verständlich im Hinblick auf meine bekannte politische Einstellung. Ersterer war nie Kommandant eines Schiffes gewesen, letzterer nie Kommandant eines Zerstörers; beide hatten in den fünf Jahren Krieg keine einzige Überwasser-Unternehmung geführt. Mich hat diese Verfemung kaum betrübt. Nur der Abschied von meiner Flottille fiel mir aus militärischen, mehr noch aus menschlichen Gründen schwer. Mein neues Kommando, im Tagesbefehl bereits veröffentlicht, lautete: Chef des Stabes des Marineoberkommandos Norwegen in Oslo. Ich nahm es gelassen.

Die neue Stellung entsprach nicht meinem beruflichen Werdegang. Der Oberbefehlshaber des Marineoberkommandos Norwegen hatte keine operativen Aufgaben. Der Dienstposten des Chef des Stabes war als Konteradmiralsstelle ausgeworfen. Diese Stellendotierung trug wohl zur Beruhigung der Gewissen der Urheber meiner Kommandierung bei. — Aber es sollte anders kommen. In Oslo residierte als Hitlers Reichskommissar für Norwegen Terboven — berüchtigt als Geiselmörder. Der frühere Kommandierende Admiral Norwegen, Generaladmiral Boehm, hatte ständig Querelen mit ihm. Seine bei Großadmiral Raeder eingereichten Beschwerden über Terboven blieben ohne Erfolg, Boehm bekam einen Nachfolger.

Bei einem Abendessen in Oslo sprach mich Terboven auf die seiner Ansicht nach kriegsmüde Royal Navy an. Ich widersprach — unter Hinweis auf meine Fronterfahrungen mit der britischen Marine in fünf Kriegsjahren. Dabei standen mir die tapferen Torpedoangriffe der beiden britischen Zerstörer auf die *Scharnhorst* beim Unternehmen »Juno«, die waghalsigen Durchbrüche der britischen Konvoys nach Malta und die schneidigen Tiefangriffe der britischen Seeflieger auf meine Geleitzüge im Mittelmeer eindringlich vor Augen. Von einer Kriegsmüdigkeit der Royal Navy konnte nach meinen Erfahrungen überhaupt nicht gesprochen werden.

Doch Terboven — von Beruf Buchhalter — wußte es besser. Ihm war mein in Aussicht stehendes Erscheinen in Oslo unerwünscht.

Nachdem der Oberbefehlshaber des Marineoberkommandos Norwegen den Amtschef des Marinepersonalamtes zweimal vergeblich gebeten hatte, dem Wunsch des Reichskommissars Terboven zu entsprechen, rief er Großadmiral Dönitz persönlich an. Ohne mich zu einer Meldung aufzufordern, was eigentlich geschehen war, hob Dönitz meine bereits veröffentlichte Kommandierung auf.

Die Gründe, warum man mich in Oslo nicht wollte, konnten mir nur zur Ehre gereichen. Später erfuhr ich, Dönitz habe vor dem Nürnberger Tribunal auf die berechtigte Frage, warum er Himmler nicht auf die Gerüchte betr. NS-Verbrechen angesprochen habe, geantwortet, das hätte ja zur Folge gehabt, daß sich die Partei auch in die Marineangelegenheiten hätte mischen können! — Wie reimt sich das? —

Ich wurde nun in die Heimat abgeschoben als Seekommandant Elbe-Weser. Damit war meine Teilnahme am Seekrieg beendet. Meine Erwartung, ich könnte Entscheidendes mit meiner Flottille leisten, hatte sich nicht erfüllt.

Fehler, die ich mir selbst vorwarf, gab es genug. Ich hätte Admiral Marschall bei der Kommandantensitzung auf seinem Flaggschiff raten sollen, nach Harstadt zu gehen. Ich hätte das U-Boot im Kanal nicht beschießen, sondern rammen sollen. Ich hätte auf die Kreuzer nicht vier, sondern acht Torpedos schießen sollen. Ich hätte in Spitzbergen versuchen sollen, die Batterien dicht unter Land zu unterlaufen. Schließlich hätte ich mich gegen die Abkommandierung von *Hermes* zur Wehr setzen sollen.

Und noch einmal ein Wort zu den Führungsgrundsätzen der Marine: immer wieder denke ich darüber nach: Nie habe ich die schon erwähnte Ablösung des eingefahrenen und bewährten Flottenchefs im Oktober 1939 verstanden. Erfahrung, Friedensschulung, Frontbewährung und historische Kenntnisse, alles besaß Boehm in hohem Maße; seine Bewährung als Torpedobootskommandant im Ersten Weltkrieg war ein großes Positivum. Sein Flottentorpedoschießen, sein Flottenartillerieschießen in den beiden ersten Jahren vor dem Kriege — alles wurde durch einen Federstrich verschenkt. Und die Kettenreaktion:

Fast alle Verbände wechselten ihre Führer. Der Austausch der Kommandanten der einzigen beiden Schlachtschiffe, ich glaube aus Dienstaltersgründen, gleicht einem Wechsel der Dirigenten nach der Generalprobe vor der Hauptaufführung.

Dann die Gruppenkommandos, eine schädliche Zwischeninstanz und die von Land gegängelten Seebefehlshaber. Welche Vernachlässigung der Bewertung der wichtigsten Waffe, der Artillerie (*Graf Spee, Bismarck, Scharnhorst, Tirpitz*)!

Der Flottenchef, der Führer der Zerstörer u.a. führten nicht von Bord aus, sondern richteten sich häuslich an Land ein. Der letzte Admiral an Bord ging 1943 auf unbegrenzten Urlaub in die Heimat. (Friedrich der Große hat sieben Jahre Sanssouci nicht gesehen.)

Am 12. November griff ein riesiger britischer Bomberverband die von Tromsö als schwimmende Batterie liegende *Tirpitz* an, die zur Vermeidung von Personalverlusten auf flachem Wasser verankert werden sollte. Der Kommandant war aus dem Führerhauptquartier gekommen; soweit mir bekannt war, hatte er keinerlei Kriegserfahrung an der Front. 5,4 Tonnen Bomben brachten das Schiff zum Kentern, 900 Mann starben einen qualvollen Tod im Schiffsinnern. Der Erste Offizier als neuer Kommandant fand bei der Katastrophe den Tod. Eine kriegsgerichtliche Untersuchung gab es nicht. Bei den Briten dagegen wurden bei jedem Schiffsverlust, bei jedem unentschiedenen oder verlorenen Seegefecht von der Admiralität eine kriegsgerichtliche Untersuchung angeordnet. So wurde beispielsweise Admiral Byng nach der unentschiedenen Schlacht vor Minorca 1756 angeklagt, verurteilt und exekutiert, Admiral Calder nach der unentschiedenen Schlacht vor Ferrol 1797 angeklagt, aber freigesprochen. Die Anklage lautete stets, die Admirale hätten versäumt, das Äußerste zu tun. — Der Berufsoffizier findet seine Rechtfertigung auch im Frieden, seine Bewährung aber erst im Kriege. Mit Abgabe meiner Flottille und Versetzung an Land war der noch fünf Monate dauernde Krieg für mich im wesentlichen beendet.

Kriegsende 1945

Seekommandant Elbe- und Wesermündung

Mein neues Kommando trat ich mit großem Mißbehagen an. Doch hatte ich den festen Vorsatz, das Beste aus meiner Landverwendung zu machen. Mein Befehlsbereich bestand aus den vier Abschnitten Helgoland, Wesermünde-Bremerhaven, Cuxhaven und Brunsbüttel. Die Abschnittskommandanten wurden im Frühjahr 1945 zu Festungskommandanten ernannt.

Der Krieg konnte nur noch kurze Zeit dauern. Ich erhielt unsinnige Befehle, wie die Überschwemmung und Versalzung des Landes durch Öffnung der Deiche, die Zerstörung von Bauernhöfen zum Freimachen des Schußfeldes, das Sprengen der Wellen der in Wesermünde liegenden Schiffe. Es kam zu einer Besprechung zwischen Vertretern des Regierungspräsidenten in Stade, einigen Parteigrößen und mir. Ich sagte diesen Leuten, ich sei zum Schutze, nicht zur Zerstörung deutschen Landes angestellt. Ich hatte die Macht, den Widerspruch der braunen Bonzen zu übersehen. Ich regierte vom Amtsgericht Otterndorf aus, besuchte die mir unterstellten Festungen, führte einige Wochen von Helgoland aus, wo ich in dem noblen ehemaligen englischen Gouverneursgebäude wohnte. Als die Engländer am 19. April 1945 in barbarischer Weise einen Bombenteppich auf die Insel legten, war ich schon wieder in Otterndorf. Jeden Tag warteten wir auf ein Signal aus Berlin, daß Schluß gemacht werde. Es gab aber nur Durchhalteparolen.

Am 23. Dezember 1944 besuchte Großadmiral Dönitz, wie schon erwähnt, Cuxhaven. Er hielt eine lange Ansprache vor den Offizieren. Es wäre unfair, heute unter ganz anderen Umständen diese Rede zu zerpflücken. Aber zwei Punkte muß ich erwähnen. Deutschland stand nicht vor dem, sondern im Abgrund. Hätten statt Eisenhower Rommel oder Manstein die Amerikaner geführt, wäre in vier Wochen alles zu Ende gewesen und die Amerikaner hätten die Russen an der Oder getroffen. Dönitz sagte, wir Berufsoffiziere seien Hitler zu besonderem Dank (!) verpflichtet, weil er diejenigen Eigenschaften, die für uns besonders wichtig seien, auf sein Panier geschrieben habe: Wehrwille, Lebenskraft und Patriotismus. Ich war sprachlos. Er, Dönitz, sei aufs Tiefste erfüllt von der gigantischen Größe des Führers, den es in der Folgerichtigkeit seines Handelns nur einmal gebe. Wir Offiziere müßten der Truppe einen unerschütterlichen Glauben an den Sieg beibringen. Immer wieder gebrauchte er ein Wort, das ich nie bei Clausewitz, Moltke, Schlieffen oder Seeckt gefunden hatte: fanatisch.

Die vor kurzem von mir gar nicht begrüßte Kommandierung als Seekommandant hatte jetzt ihr Gutes. Nach Otterndorf, meiner Residenz, strömte mein ganzer Clan, aus dem Osten vertrieben, nun ein. In der kleinen Stadt stieß man unentwegt auf Johannessons, Kinder jeden Alters, jeden Geschlechts, froh, unter meinen Fittichen eine Bleibe gefunden zu haben. Wir hatten in Swinemünde alles verloren, bis auf meinen Schreibtisch mit allen Dokumenten und zwei Betten, die ich noch hatte herausholen können. Meine Frau kam von dem Gut ihrer Eltern in Schlesien mit unseren drei Kindern und Rucksäcken im letzten Lazarettzug — gerade noch, bevor die Russen eintrafen.

Am 30. Januar 1945 wurde ich zum Konteradmiral befördert. Nach der mir vorher zuteil gewordenen Zurücksetzung gab mir das ein Rätsel auf — wenn auch der Rang eines Admirals damals keine besondere Auszeichnung mehr war. Und dennoch: der kornblumenblaue Mantelaufschlag, die breiten Ärmelstreifen und die goldenen Achselstücke gefielen mir.

Am 30. April 1945 verkündete Großadmiral Dönitz dem deutschen Volk in einer Rundfunkansprache aus Flensburg-Mürwik den »Heldentod« Hitlers in Berlin. Da unter Dönitz so viele deutsche Männer den Heldentod gestorben waren, war es für mich ein Rätsel, daß er dieses Wort für eine Schmierenkomödie mißbrauchte.

Mein Dilemma in den letzten Tagen des Krieges zeigt meine Runkfunkansprache Anfang Mai 1945 an die Bevölkerung:

»In diesen kritischen Stunden und Tagen höchster Beunruhigung, größter Sorge, tiefster Not spreche ich zu der Bevölkerung Wesermündes. In Kürze sage ich Ihnen meine Auffassung in wenigen Sätzen:

Wir kämpfen nicht mehr um unsere Ehre. Für unsere Ehre haben die Millionen Toten dieses Krieges so viel getan, daß es unbescheiden wäre, das wenige, was uns noch zu tun übrig bleibt, überhaupt damit in Vergleich zu setzen.

Von jeher ist es deutsche Art gewesen, den Sinn des Krieges nicht im Totschlagen, sondern im Kampfunfähigmachen des Gegners zu sehen. So dürfen wir auch für uns in Anspruch nehmen, den Mangel an allen Waffen, die geringe Zahl unserer Truppen und unserer Hilfsmittel vom Gegner respektiert zu sehen. Es scheint, daß die Luftlage und auch die Landlage der letzten Wochen und besonders der Zeit seit dem 30. April meiner Auffassung recht gibt.

Unsere Aufgabe sehe ich vielmehr darin, unseren gefallenen Brüdern, Söhnen und Vätern keinen Unglimpf anzutun durch theatralische Haltung und undeutsche Pose, durch hohle Form ohne seelischen Gehalt.

Wenn wir bis zu dieser Minute die wenigen uns noch verbliebenen Waffen nicht niedergelegt haben, so hat dies einen einzigen Grund: die technische Durchführung der diplomatischen Verhandlungen über Form und Durchführung der Beendigung des Krieges möglich zu machen. Ich bin gewillt, diese Zeit abzuwarten, die je nach Lage der Dinge nur ganz kurz sein kann. Hierdurch glaube ich zu ermöglichen, den Übergang in Ordnung und nicht in Chaos, in Disziplin und nicht in Auflösung, in Würde und nicht in haltloser Unterwürfigkeit zu bewerkstelligen.

Ich habe allein durch Beibehaltung meiner Stellung und Übernahme des hiesigen Kommandantengeschäfts die Möglichkeit gehabt, meiner Auffassung und der Darstellung der wahren Situation an allerhöchster Stelle Gehör zu verschaffen. Ich habe meine Beurteilung der Lage mit dem Einsatz meiner ganzen Person durchgekämpft, mit aller Leidenschaft und Wahrheitsliebe, ein Einsatz, dem mein Verhalten an der Front auf See während fünf Jahren und zwei Monaten in diesem Kriege in nichts nachsteht. Die allernächsten Stunden werden entscheiden, ob ich recht getan habe. Ich glaube an den Erfolg meiner Schritte und damit der Erhaltung des noch Bestehenden am besten gedient zu haben. Eine zwar besiegte, aber ungebrochene Wehrmacht wird in den kommenden Tagen die Vorbedingung für die Aufrechterhaltung der Ordnung sein, nachdem alle anderen Organisationen praktisch nicht mehr bestehen.

Ich gehorche heute und morgen, das möchte ich Ihnen ausdrücklich versichern, ausschließlich der Vernunft und im besonderen der Stimme meines Gewissens.«

Unsere Armeen leisteten noch erbitterten Widerstand. Die in der Weltgeschichte wohl einzig dastehende Dummheit der Alliierten, eine bedingungslose Kapitulation von uns zu verlangen, kostete weiterhin riesige Opfer. Endlich, am 5. Mai 1945, kam dann die ersehnte Waffenruhe. Die Engländer marschierten zunächst in Wesermünde ein und dann in Cuxhaven. Als ich gesund, ernst, aber ungebrochen in der Frühe in unserer Wohnung erschien, brach meine Frau in ein einem Weinkrampf ähnliches Schluchzen aus. Wohl an die zehnmal hatte ich mich in den verflossenen sechs Jahren von ihr verabschiedet — kein Wort der Klage, keine Träne. Nun war der Mann und der Vater der drei Kinder wieder da! Aber unsere Ahnung in der Nacht vom 3. zum 4. September 1939 hatte sich erfüllt: Finis Germaniae.

Am Tag der Waffenruhe schrieb mir der Oberbürgermeister der Stadt Wesermünde folgenden Brief.

»Der Oberbürgermeister der Stadt Wesermünde.
P e r s ö n l i c h !
An Herrn
Admiral Johannesson
23 Wesermünde
    Kommandantur

Wesermünde,
den 5. Mai 1945

Sehr geehrter Herr Admiral!
Nachdem das Kriegsunheil an unserer Stadt Wesermünde gottlob vorüber gegangen ist, möchte ich nicht verfehlen, Ihnen namens unserer Einwohnerschaft den tiefgefühlten

Dank auszusprechen für das Verständnis, das Sie unsere Nöten gegenüber in den Tagen
bewiesen haben, während die Geschicke unserer Stadt in Ihrer Hand lagen. Besonders
dankbar habe ich es empfunden, daß ich in dieser Zeit bei Ihnen zu Gehör gekommen
bin und Ihnen meine Auffassung vortragen konnte und daß Sie die besondere Bedeutung
unserer Fischereistadt Wesermünde für die Nahrungsmittelversorgung Gesamtdeutsch-
lands von vornherein voll gewürdigt haben. Ich bin überzeugt, daß es Ihnen auch dann,
wenn die Kapitulation jetzt nicht schon gekommen wäre, gelungen wäre, den Rest unserer Stadt vor weiterer Vernichtung zu bewahren und damit die wichtigste Grundlage für
den Wiederaufbau der Hochseefischerei in die Zukunft hinüber zu retten.
Die Stadt Wesermünde wird sich stets der Tage Ihrer Führung dankbar erinnern und
wünscht Ihnen persönlich für die Zukunft das Beste.

Mit verzüglicher Hochachtung
Ihr sehr ergebener
gez. (Unterschrift)«

Unsere Kommandostruktur wurde von den Briten zunächst aufrechterhalten. Viele
von uns rechneten damit, daß wir zusammen mit den West-Alliierten gegen Rußland eingesetzt würden. Die Festungsbesatzungen wurden zu einer Marine-
Division unter meinem Kommando zusammengezogen. Wir bezogen im Land
Hadeln Bürgerquartiere, ich selbst mit meinem Stab auf dem Gut Stellenfleth bei
v. Platens.

Nachdem Montgomery einige KZ's in Augenschein genommen hatte, trat ein
grundsätzlicher Wandel ein. Schluß mit der Fraternität. Die Entlassungen begannen, zunächst die Landarbeiter, dann die Handwerker usw. Als im Dezember 1945
die 40 000 Mann entlassen waren, war ich als einziger übrig geblieben. An Silve-
ster 1945 sah ich mit meinem Freund Meier-Welcker den Sonnenuntergang dieses
bedeutsamen Jahres. Wir wußten nicht, ob wir Generalstabsoffiziere und Admirale
nach Sibirien oder auf die Falkland-Inseln kommen würden, was beides im
Gespräch war.

Gefangenschaft

Weisungsgemäß fuhr ich Anfang Januar 1946 in meinem Dienstwagen nach Mun-
sterlager; hinter mir schlossen sich die Tore, und ich war gefangen. Nach kurzem
Aufenthalt erfolgte die Verlegung in das Generalslager Zedelghem in Belgien. Als

wir über den Rhein fuhren, warfen wir alle unsere Taschenmesser in den Fluß. Es hieß, bei wem ein Messer gefunden würde, der sei des Todes, so gereizt war die Stimmung.

Das Lager war eine alte Anlage von vielen Munitionsschuppen mit steinernem Fußboden und dünnen Wänden, ohne Heizung, aber in der Mitte jeden Raumes gab es einen schnell errichteten Ofen, den man anzünden konnte, vorausgesetzt, man hatte genügend Brennholz gestohlen. Jeder Schuppen war durch Zeltbahnen unterteilt, immer vier Offiziere lebten zusammen. Ich hatte Glück. Meine Gefährten waren die Admirale Heye, Hoffmann und Meendsen-Bohlken. Besonders Hoffmann war ein famoser Mann, später wurde er mein Vorgänger beim Seeamt Hamburg.

Das Lager stand unter britischer Militärkontrolle. Ein Major war Kommandant, ein Feldwebel das Faktotum. Diesem mußte auch beim Antreten morgens und abends gemeldet werden. Vor ihm traten wir tausend Generale und Admirale in militärischer Haltung an, nahmen die Augen rechts und warteten auf seine Befehle und Informationen.

Die Verpflegung war zwar gut, aber es gab entschieden zu wenig. Wir litten ständig unter Hunger. Eine Verdauung fand etwa einmal in der Woche statt, und zwar immer unter Qualen. In der mir zugewiesenen Pritsche war am Morgen Admiral Nordmann gestorben. An Hunger, sagte man mir. — Als ich dann doch eines Tages, — auf welchem Wege auch immer — in den Genuß eines Kommißbrotes und eines halben Pfundes Butter kam, war der Kanten mit der Butter der größte Gaumengenuß in meinem Leben, dessen ich mich heute noch entsinne.

Es war ein harter, kalter Winter. Wir liefen frierend und hungernd immer an der Stacheldrahtumzäunung entlang, an deren Ecken farbige Soldaten auf Wachtürmen ihre halb aufgerauchten Zigaretten ins Lager warfen. Der Hunger war so groß, daß schon mal einer eine Kippe aufnahm und zu Ende rauchte. Diejenigen, die die Lagerverwaltung unterstützen mußten, erhielten als Lohn etwas Zucker in den dünnen Tee.

Beim Eintreffen im Lager hatte ich meine vor neun Monaten verabschiedeten Kameraden nicht wiedererkannt. Unter der Dusche standen Gestalten aus Haut und Knochen. Daß wir eben unter uns waren, war der einzige Lichtblick.

Über unsere Zukunft schwirrten viele Gerüchte. Am liebsten hätten wir die Verwirklichung des Planes gesehen, uns mit unseren Familien auf die Falkland-Inseln zu verbannen und dort mit Gartenbau unsere Tage hinzubringen.

Der Wille zum Durchhalten war bei fast allen ungebrochen. Es wurden Kurse veranstaltet. Ich belegte Grundzüge des Arbeitsrechts und der Sozialversicherung. Mit meinen Bankkenntnissen wollte ich, falls wir doch eines Tages entlassen würden,

118

versuchen, bei meinem Freund Helmut Winkler eine bescheidenen Existenz aufzubauen.

Es war ein Segen, körperlich ohne Einbuße gesund zu sein, und man dachte an die, die mit unheilbaren Schäden den Krieg beendet hatten. Ich rezitierte meinen Kameraden immer den Satz aus Rilkes »Lied der Blinden«: »Euch kommt jeden Morgen das neue Licht warm in die offene Wohnung.«

Die brutale Behandlung wurde begründet mit der Feststellung über uns höhere Offiziere: »If released, would constitute a possible danger to security.« Dies war die klassische Begründung für die von den Briten erfundenen Konzentrationslager.

Vielleicht wurde mir diese schmachvolle Behandlung — im Gegensatz zu vielen Kameraden — erträglicher durch meine Ansicht, daß die Generale und Admirale sich dem Kriegswillen Hitlers energischer und erfolgreicher hätten entgegenstellen müssen, wenn sie schon seine Machtübernahme nicht verhindert hatten.

Der Chef des Generalstabes, Generaloberst Beck, hatte in einer Vortragsnotiz vom 16. Juli 1938 geschrieben: »Es stehen hier letzte Entscheidungen für den Bestand der Nation auf dem Spiel; die Geschichte wird diese Führer (der Wehrmacht) mit einer Blutschuld belasten, wenn sie nicht nach ihrem fachlichen und staatspolitischen Wissen und Gewissen handeln.«

Der totale Zusammenbruch war die voraussehbare Folge des Verhaltens unserer militärischen Führer. Hatte nicht Clausewitz gelehrt, der Krieg sei ein Mittel der Politik? Wie durften die Führer des Mittels blind, taub und stumm ausschließlich ihre technisch-militärische Rolle spielen? Und diese militärischen Führer mußten doch bei Clausewitz, »Vom Kriege«, Erstes Buch, 3. Kapitel, gelesen haben: »Um einen ganzen Krieg oder seine größten Handlungen, die wir Feldzüge nennen, zu einem glänzenden Ziele zu führen, dazu gehört eine große Einsicht in die höheren Staatsverhältnisse. Kriegführung und Politik fallen hier zusammen, und aus dem Feldherrn wird zugleich der Staatsmann.« Hatte Clausewitz nicht aus moralischen Gründen 1812 den preußischen Dienst quittiert? Und seine drei Bekenntnisse? Von dem Geist der preußischen Reformer war in den Offizierkorps der beiden Weltkriege kein Hauch zu verspüren. — Heute wissen wir noch mehr: hatte nicht General v. Reichenau den verlogenen Passus in Hitlers Reichstagsrede nach der Röhm-Affäre über die Ermordung der Generale v. Schleicher und v. Bredow formuliert, der die militärische Kameradschaft und Loyalität pervertierte? Stammte nicht von ihm auch der Wortlaut des neuen Eides auf Hitler nach dem Tod des Reichspräsidenten Hindenburg?

Für mich stellte sich nach diesem ungesetzlichen Staatsstreich auch die Frage, ob dies alles nicht auch eine Folge davon war, daß ich sehenden Auges dem Unrechtsstaat gedient hatte. Hätte ich nicht nach der Röhm-Affäre 1934 — spätestens nach der Kristallnacht 1938 — die Uniform ausziehen und — dem Gewissen folgend — Elend und Not einer äußerlich glänzenden Existenz vorziehen müssen?

Und wenn heute Kinder und Enkel verständnislos blicken, so mögen sie sich der Schlußszene im Faust erinnern, in der der alte weise Kenner des menschlichen Herzens, Goethe, von den vier grauen Weibern nicht die Schuld, sondern die Sorge durch das Schlüsselloch hereinläßt.

Am 20. November 1946 wurde ich vor das British Review Board geladen. Es entschied, daß meine Entlassung keine Gefahr für die Sicherheit bedeute. Mit der Einstufung in Gruppe 5 »unbelastet« verließ ich mit fünf anderen Offizieren als einer der ersten das Lager. Am besten hatte sich mein Freund Oberst i.G. Meier-Welcker gehalten. Während wir promenierend von vergangenen wundervollen Diners schwärmten, saß er in einem stillen Winkel und las die griechische und römische Klassiker in Originalsprache.

Zweiter Neubeginn 1947

Weihnachten 1946 war ich wieder zu Haus in Otterndorf. Jetzt begann die Suche nach einer Beschäftigung. Alle Versprechungen aus der Zeit, in der ich noch etwas zu sagen gehabt hatte, waren vergessen. Ich fuhr nach Stade und bewarb mich um den Posten des erkrankten Führers der Barkasse des Regierungspräsidenten. Mir wurde gesagt, das komme nicht in Frage. Meine Verdienste als Seekommandant Elbe-Weser, der das Land vor verbrannter Erde bewahrt habe, würden mir eine angemessene Beschäftigung in Aussicht stellen. Ich habe vergeblich gewartet.

Im Dienst der evangelischen Kirche

Im Jahre 1937 war ich häufig mit meiner Frau in Dahlem in der Kirche von Pastor Niemöller gewesen. Außerdem hatte ich eine verwandtschaftliche Beziehung zu ihm. Ich bewarb mich um eine Beschäftigung, nachdem Niemöller Präsident des Außenamtes der Evangelischen Kirche Deutschlands geworden war. Er willigte sofort ein und bot mir eine Stellung als sein Privatsekretär an. Dankbar war ich einverstanden und fuhr nach Büdingen in Hessen, wo Niemöller damals bei dem dortigen Fürsten im Schloß eine Unterkunft gefunden hatte.
Nach einigen Monaten gelang es mir, in der Bürokratie des Außenamtes Bürochef und Finanzreferent zu werden. Ich hatte ja 1919 glücklicherweise eine Banklehre durchgemacht. Persönlicher Sekretär, das stellte sich bald heraus, war bei seinem Selbstverständnis eine subalterne Stellung, nichts für mich. Niemöller hatte mich so vor dem grauen Elend gerettet, und ich werde ihm dafür mein Leben lang dankbar sein. Ich glaube, daß die Begegnung mit ihm für mein ganzes Leben Folgen gehabt hat. Er war wohl der begabteste von allen Menschen, denen ich begegnete. Ob es Theologie, Juristerei, Finanzen, Organisation war, alles beherrschte er fast genial. Dennoch möchte ich nicht verschweigen, daß die Zusammenarbeit mit ihm sehr schwer war. Vor allem seine Sympathie für Moskau und seine verletzende Kritik an Bonn und Washington. Am schlimmsten aber empfand ich die Art seiner Ablehnung der deutschen Wiederbewaffnung. Er ging soweit, öffentlich zu erklären, daß eine Militär-Seelsorge für die Bundeswehr nicht in Frage komme. Vielmehr stand er auf dem Standpunkt, daß die Ausbildung von Soldaten für die Führungspositionen in militärischen Dienststellen eine hohe Schule für Berufsver-

brecher sei. Für mich war das alles sehr schmerzlich, und ich hätte mich woanders beworben, wenn nicht seit dem Korea-Krieg 1950 die Aussicht einer Wiederverwendung in der neuen Bundesmarine bestanden hätte. Allerdings mußte ich noch bis 1956 warten. Ich habe aber so manches aus dieser Zeit gelernt, was ich später als Befehlshaber der Flotte verwenden konnte. Auch hatte ich ein fruchtbares und kameradschaftliches Verhältnis zu meinen Kollegen im Außenamt.

Einen erfreulich unkonventionellen Verkehr hoher Kirchenführer erlebte ich auf einer Tagung des Rates der Evangelischen Kirche. Bischof Lilje und Kirchenpräsident Niemöller, die sich beide nicht riechen konnten, saßen sich am Konferenztisch gegenüber. Die übliche Anrede war Bruder so-und-so. Als Niemöller gegenüber Lilje diese Anrede gebrauchte, konterte Lilje:»Wenn Sie noch einmal ›Bruder‹ zu mir sagen, trete ich Ihnen gegen das Schienbein.«

Befehlshaber der Seestreitkräfte

Der Korea-Krieg 1950 hatte die Frage einer deutschen Wiederbewaffnung in die Öffentlichkeit gebracht. Als sich die Aussicht hierfür verdichtete, war ich mir meines Wunsches bewußt, der neuen Marine anzugehören. Ich war 55 Jahre alt, besaß eine lange Frontbewährung und schickte vertrauensvoll ein Gesuch an das Amt Blank. Ich wußte, daß es Kräfte gab, die sich für meine Verwendung einsetzten. Selbst in der Marine! Ich zitiere aus einem Brief des Kapitäns zur See Saltzwedel, den er im Einvernehmen mit anderen Kameraden an das Amt Blank (Zenker) richtete (am 30.5.1952):

»Wir halten Johannesson für den Posten eines Marinechefs als besonders geeignet, und zwar aus folgenden Gründen: Er hatte seit Kriegsbeginn ein äußerst klares Urteil, das, wie die Vergangenheit bewiesen hat, in den entscheidenden Punkten zutreffend war. Infolge seiner unbegrenzten Offenheit, die als Kritik gewertet werden mußte, und des rücksichtslosen Durchdenkens der Probleme, verschaffte er sich Gegner, wie es zwangsläufig bei starken Persönlichkeiten der Fall sein muß, und in Krisenzeiten sich besonders stark abzeichnet. Jedoch haben diejenigen, die seiner unmittelbaren Führung unterstanden und von seinen Entschlüssen abhängig waren, stärkstes Vertrauen in seine Fähigkeiten und darüber hinaus wesentlich entscheidende geistige Impulse für ihr Leben erhalten. ...

Ich möchte nur noch darauf hinweisen, daß ich als letzter Chef des Stabes beim Führer der Zerstörer einige Vergleichsmöglichkeiten innerhalb eines sehr großen Offizierscorps hatte und J. in diesem Verband eindeutig für den Fähigsten gehalten habe.«

Über das Ringen um Adenauers Absicht, die junge Bundesrepublik Deutschland an der westeuropäischen Verteidigung zu beteiligen, möchte ich hinweggehen. Der beste Plan, die Gründung einer Europäischen Verteidigungsgemeinschaft, scheiterte bekanntlich.

Im Mai 1955 wurde die Bundesrepublik Deutschland Mitglied der Westeuropäischen Union und der NATO. Ihre Streitkräfte sollten 500 000 Mann umfassen, darunter auch eine nicht allzugroße Marine.

Es wurde versucht, das Problem einer Bundeswehr ohne nationalsozialistisches Gedankengut durch ein Gesetz zu lösen, auf Grund dessen sich alle höheren Offiziere der Überprüfung durch einen Personalgutachterausschuß unterwerfen mußten. Ich fand dies völlig in Ordnung, glaube aber, daß durch das weite Netz des Ausschusses mancher hindurchgeschlüpft ist, der es nicht verdient hat. Nach einer Prüfung durch einen Unterausschuß mußten sich die für die höchsten Stellen vorgesehenen Offiziere noch einmal dem gesamten Ausschuß stellen und einen Vortrag von etwa 15 Minuten Dauer halten. Ich leitete mein Referat mit einem Zitat aus Perikles Rede für die Gefallenen in Athen ein: »*Ein solcher Staat* ist es, für welchen unsere Mitbürger so heldenmütig gefochten haben«, nachdem ich die Grundsätze und Staatsmaximen aufgezeigt hatte. Wie bitter, Soldaten zu führen für die Erhaltung der Freiheit eines Vaterlandes, dessen Grundsätze und Staatsmaximen man nicht aufzeigen und loben konnte. Von den mehr als 200 Admiralen der Kriegsmarine wurden sechs Admirale übernommen.

Ich hatte es leicht, meine politische Einstellung mußte sich herumgesprochen haben. Zur eigenen Orientierung wollte der Ausschuß meine Stellung zu den beiden Großadmiralen wissen. »Sie sollten in einem stillen Kloster Historikern von Rang ihre Motive schildern als Lehre für uns alle.« Da fuhr mich das einzige Marinemitglied, Admiral Patzig an: Das sei völlig überflüssig, Raeder habe alles wesentliche in seinen Erinnerungen niedergelegt. Gemeint war das von Admiral Förste verfaßte Buch, das alle Problematik umging.

Ich war als Flottenchef vorgesehen. Eigentlich hieß der Dienstposten »Kommandeur der Seestreitkräfte«, später »Kommandeur der Flotte«, zuletzt dann »Befehlshaber der Seestreitkräfte«. Ich aber sah mich als Flottenchef.

Dies war natürlich ein Traum-Kommando. Obwohl eigentlich eine Dreisterne-Stellung, gab es bei der Marine — im Gegensatz zu Luftwaffe und Heer — in dieser Dienststellung nur zwei Sterne. Erst mein »Enkel« als Flottenchef wurde Heer und Luftwaffe gleichgestellt.

Nach einer dreimonatigen Eignungsübung, in die auch eine Einschiffung auf der 6. US-Flotte im Mittelmeer fiel, bezog ich meine »Residenz« in Sengwarden bei Wilhelmshaven. Ich war glücklich, meine Erfahrungen aus dem Zweiten Weltkrieg der NATO als Morgengabe mitbringen, mein Offizierkorps in meinen politischen und militärischen Vorstellungen erziehen zu können; die Anfangsschwierigkeiten auf seemännischem Gebiet nach zwölf Jahren Pause zu meistern — dies alles erfüllte mich mit Schwung und Schaffensfreude. Meine Vorbilder sah ich in den Reformern Scharnhorst, Gneisenau, Clausewitz und in den Admiralen de Ruyter und Nelson. Man kann vielleicht sagen, was beim Heer der Chef des Generalstabes ist, das ist bei der Marine der Flottenchef, im Krieg der entscheidende Mann. Wenigstens sollte es so sein. Wie aber war die Wirklichkeit? Tirpitz hat fünf Flottenchefs (Koester, Prinz Heinrich, Holtzendorff, Ingenohl, Pohl), Raeder sieben verbraucht (Oldekop, Gladisch, Förste, Carls, Boehm, Marschall, Lütjens). Mich hat das empört — der Flottenchef, der Mann, von dessen Genius Sieg oder Niederlage abhing, war zu oft ein Opfer von Intrigen.

Ich hoffte natürlich, daß wir aus der Geschichte mit ihren bösen Folgen gelernt hätten. Der erste Inspekteur der Marine in Bonn und sein Vertreter hatten sich folgende Organisation ausgedacht und eingeführt: Der Flottenchef war Vorgesetzter aller Kampfeinheiten, war verantwortlich für Ausbildung, Disziplin und überhaupt alles. Ihm unterstanden die Befehlshaber der Ostsee und der Nordsee. Diese Letzteren waren nur Einsatzleiter, nicht Disziplinarvorgesetzte. Im Kriegsfall führten sie unter dem NATO-Kommando, der Flottenchef konnte auf Urlaub gehen. Natürlich war ich hiermit vom ersten Tag an nicht einverstanden. Erst waren alle meine Bemühungen vergeblich. Dann bekam ich den Verteidigungsminister auf meine Seite und er sagte mir zu, nach meinem Vorschlag zu entscheiden: Der Flottenchef führt im Kriege natürlich in der NATO. Als Minister Strauß mich warten ließ, wurde ich ungeduldig und etwas energisch. Dies vertrug er nicht, und über diese Sache kühlte sich unser Verhältnis, das bis dahin beinahe peinlich gut gewesen war, merklich ab. Nach meinem Ausscheiden wurden meine Vorstellungen sofort verwirklicht — wenn nicht mir, so hatte ich doch der Sache genützt.

Jahr für Jahr vergrößerte sich der Schiffsbestand der Flotte, Landungsboote, Schnellboote, Marineflieger und vor allem die Leihzerstörer aus den USA. Beim Empfang des ersten dieser sechs Zerstörer zitierte ich den berühmten amerikanischen Admiral Nimitz aus seinen Kriegserinnerungen: »Vor allen Kriegsfahrzeugen, die eine Flotte in einem Zukunftskrieg zur Überwachung der Meere einsetzen kann, wird der Zerstörer als der nützlichste kleinere Typ der Kampfschiffe mit Sicherheit verwendet werden. Sein Aussehen mag sich ändern, er kann sogar anders bezeichnet werden, aber kein anderer Schiffstyp, nicht einmal der Flugzeugträger und auch nicht das U-Boot, haben solch einen gesicherten Platz in der Flotte der Zukunft.«

Dies scheint mir heute nach dreißig Jahren, noch zuzutreffen und ist für unsere jetzige kleine Marine tröstlich, da der Zerstörer unser größter Typ ist.

Die amerikanischen Leihzerstörer der Fletcher-Klasse wurden in Charleston für die Bundesmarine hergerichtet und auch dort in Dienst gestellt. Später erhielten die Besatzungen ihre Gefechtsausbildung in Guantanamo unter amerikanischer Leitung. Die US-Marine war über ihre Leistungen bald des Lobes voll, und wir gewannen den Anschluß an die Nachkriegszeit.

Für die ersten Manöver der jungen Bundesmarine lautete das Stichwort stets »Wallenstein«. Diesen Namen hatte ich gewählt, weil es bei der Schlußkritik zugehen sollte, wie in (Schillers) Wallensteins Lager, wo jeder ungestraft seine Meinung sagen durfte (Gneisenaus liberales Generalkommando in Koblenz 1816 hieß in dem reaktionären Berlin »Wallensteins Lager«).

Zum ersten Flottenmanöver: Im alten Stil, etwas konservativ, schiffte ich mich ein, setzte mich an die Spitze des zusammengewürfelten Verbandes, und alles klappte tadellos. Wir machten Fahrübungen, fuhren Gefechtsbilder und unternahmen seemännische Manöver. Zur Schlußbesprechung kamen Bundesverteidigungsminister Strauß, der Generalinspekteur, General Heusinger, der Inspekteur der Marine, Vizeadmiral Ruge, sowie Gäste. Alle waren von meiner Manöverkritik angetan. Von diesem Tage an hatte ich ein gutes Verhältnis zu meinem Minister und zum Generalinspekteur. Die Presse berichtete wohlwollend. Die Russen beobachteten regelmäßig unsere Übungen.

Nach dem zweiten Flottenmanöver im August 1957 hielt ich im Anschluß an meine Manöverkritik eine Rede vor den Offizieren der Flotte, die als Perikles-Rede bekannt wurde. Sie macht die Spannungen beim Neubeginn deutlich und war ihrer ganzen Art nach ein Novum im militärischen Leben. Ich füge den Text als Anlage bei. Irgendwer hat sie vervielfältigt und allen beteiligten Offizieren zugesandt. Eine Zusammenarbeit zwischen Schnellbooten und Marinefliegern fand seit der Einführung des Flugzeugmusters SEAHAWK statt. Es wurden koordinierte Angriffe auf ein Ziel geübt, die geringfügig zeitversetzt oder auch gleichzeitig stattfinden sollten. Die Verfahren waren festgelegt in einer SOP (Standing Operation Procedure). Trotz eifrigen Bemühens auf beiden Seiten hat die zeitliche Koordinierung selten geklappt. Die Flugzeuge lassen sich nach ihrem Start nun einmal nicht zeitlich verzögern, weil die Schnellboote wegen einer Kursänderung des Zieles nicht rechtzeitig herankommen können.

Das erste NATO-Manöver, an dem das 1. Schnellbootgeschwader und das 2. Minensuchgeschwader teilnahmen, hieß »Stern Chase«. Der deutsche Flottenchef war daran nicht beteiligt, daher gehe ich auf diese Übung nicht ein.

Zunächst war nach zwölf Jahren Pause meine Aufgabe mehr nautischer als militärischer Natur, aber bald fuhren wir im Verbande. Ich hatte am 1. April 1957 die Flotte übernommen, als ich nach knapp zwei Monaten, wie schon erwähnt, das erste nationale Flottenmanöver »Seewolf« durchführte. Unglücklicherweise fiel mein Operations-ASTO aus, und ich nahm mir einen bewährten Schnellbootkommandanten als Gehilfen, der später dann noch Admiral wurde. Das war schon ein fantastischer Verband: R-Boote und M-Boote Typ 40/43 aus den alliierten Minenräumverbänden der ersten Nachkriegszeit, ein Schnellbootgeschwader, Typ SILBERMÖVE, eine Menge Patrouillenboote aus dem Bundesgrenzschutz, 70 Tonnen groß, aber 25 Knoten Geschwindigkeit, und schließlich zahlreiche Kriegsfischkutter der Kriegsmarine, 110 Tonnen groß und 9 Knoten Geschwindigkeit. Ich erinnerte mich: — 1921 — unsere Flotte damals, eine Armada im Vergleich zu jetzt!

Es klingt wie ein Märchen: Unser erstes U-Boot war im Zweiten Weltkrieg versenkt worden; wir hatten es gehoben und in der Bundesmarine als *U-Hai* in Dienst gestellt.

Später fand dann in jedem Herbst ein nationales Flottenmanöver unter meiner Leitung statt. Die Manöver-Parteien wurden in der Regel von den Befehlshabern der Ostseestreitkräfte (BSO) und den Befehlshabern der Nordseestreitkräfte (BSN) geführt.

Besonders wichtig war mir die völlig objektive Darstellung kriegsgeschichtlicher Ereignisse, die *ganze* Wahrheit und die Erziehung zur Zivilcourage. Zum Einschlagen dieses Weges gehörte auch die Bereitschaft, sich unbeliebt zu machen.

Mit der Zivilcourage in Deutschland war das so eine Sache, ich hatte es ja wiederholt am eigenen Leibe erlebt. Der erste Flottenchef der Reichsmarine, Admiral Mommsen, war der Sohn des berühmten Historikers. Und dieser Mommsen, ein Patriot, hatte in seinem Testament verfügt, daß auf seinem Grab kein Name stehen dürfe, er wolle in einer Nation ohne Zivilcourage, die zwar korrekt, aber ohne Rückgrat sei, möglichst bald in Vergessenheit geraten. Immer wieder schärfte ich meinen Offizieren ein: Im Kriege Mut, im Frieden Zivilcourage zu haben als unabdingbare Eigenschaft eines Offiziers.

Ich hatte Admiral Mommsen nie vergessen, daß er mich, als ich bei einer Besichtigung 1921 die hohe hölzerne Vosslap-Bake aus großer Entfernung für ein Segelschiff gehalten hatte, ohne jeden Spott väterlich aufklärte. Welch Vorbild!

Meine besondere Aufmerksamkeit widmete ich der geistigen Bildung der Offiziere der Flotte. Mir ist unfaßbar, daß der Lehrplan für die Ausbildung zum Generalstabe und Admiralstabe früher weder Vorlesungen über sittliche, geistige und politische Probleme des Krieges, noch über das Verhältnis von Staatskunst und Kriegführung aufwies. Eine Theorie des Krieges wurde nicht vorgetragen, das Fach Geschichte gab es nicht, Clausewitz stand nicht zur Erörterung. Kein Wunder, daß man der Versuchung unterlag, in Clausewitz' berühmten Satz »der Krieg ist die Fortsetzung der Politik unter Einmischung anderer Mittel«, das Wort »Einmischung« unterschlug, so daß das Gegenteil herauskam: das Militär hat das Sagen. So werden es Ludendorff und Scheer gesehen und sich damit berechtigt gefühlt haben, sich an die Stelle des Staatsmanns zu stellen. Was mich betrifft, so war schon in der Schule Geschichte mein Lieblingsfach; es machte mir Spaß, meinen Mitschülern mit den Krümchen meines Radiergummis die Schlachten von Cannae, Leuthen und Trafalgar darzustellen.

Bereits als junger Offizier hatte ich den Entschluß von Clausewitz bewundert, sich 1812 aus Gewissensgründen vom König zu trennen und nach Rußland zu gehen. Dabei stand er als militärischer Lehrer des Kronprinzen in einem besonderen Vertrauensverhältnis zu Friedrich Wilhelm III. In meinen Offiziersbesprechungen erwähnte ich dieses Vorbild eines preußischen Offiziers, ebenso Gneisenau, der nach England und Grollmann, der nach Spanien ging.

Ich war ein Anhänger des Grafen Baudissin. Zwar war in meinen Augen der Soldatenberuf ein Beruf sui generis — kein Bürger, kein Beamter braucht sich mit dem Problem zwischen Verantwortung gegenüber seiner Besatzung und dem Erreichen eines militärischen Erfolges herumzuschlagen, wenn er beispielsweise auf einer Feindfahrt seinem Verbandsführer Störungen in seiner Maschinenanlage verheimlicht.

Aber das Leitbild des Soldaten als Staatsbürger in Uniform ist dennoch — eingeschränkt — richtig als Ergebnis einer leidvollen preußisch-deutschen Geschichte. Ich stellte mich vor den Offizieren der Flotte vor Baudissin und trotzte damit mancher Kritik.

Die Frage in der Wissenschaft, ob man aus der Geschichte lernen kann, fand ich absurd. Genauso könnte man fragen, ob eigene Lebenserfahrungen mein Urteilsvermögen beeinflußten. Vereinfacht gesagt war in der Marine die Furcht vor Beschmutzung des eigenen Nestes größer als der Drang nach Erkenntnis. Das Scheitern seiner Flottenpolitik sucht Tirpitz nicht in eigenen Fehlurteilen. Vielmehr beginnt das Schlußwort in seinen »Erinnerungen« mit dem lapidaren Satz: »Das deutsche Volk hat die See nicht verstanden.« Im Jahre 1926 war, wie schon erwähnt, eine Schrift des Vizeadmirals a.D. Wegener: »Die Seestrategie des Weltkrieges« erschienen. Die hier enthaltene Kritik an Tirpitz war Raeder ein Dorn im Auge, und er tat alles, ihre Verbreitung im Seeoffizierkorps zu verhindern. Ich war gegenteiliger Ansicht. Ich ließ Gefechtshandlungen aus beiden Kriegen nachfahren. Zwei Parteien, echte Gefechtsentfernungen, Geschwindigkeiten geringer, aber in richtiger Relation. Immer wieder empfahl ich die Lektüre der Veröffentlichungen der früheren Gegner. Mich störten nicht Briefe alter Admirale, in denen es hieß, ich untergrabe das Vertrauen in die Leistungen der Marine.

Ich führte die jährlichen Historisch-Taktischen Tagungen der Flotte ein, die den oben genannten Gesichtspunkten Rechnung tragen sollten. Sie wurden ein großer Erfolg — inzwischen hat die 28. Tagung stattgefunden.

Der Idee der Historisch-Taktischen Tagungen (HiTaTa genannt) lagen Erfahrungen aus meiner Universitätszeit und aus der häufigen Teilnahme an den Veranstaltungen der Evangelischen Akademien zu Grunde.

Soweit es sich nicht um Fachthemen (Taktik, Fernmeldewesen, Organisation) handelte, ging es um Geschichte und Militärpolitik. Nach meiner Erinnerung z.B.: Generaloberst v. Seeckt und Weimar; Nelson bei St. Vincent; Nelson bei Teneriffa; Scheer in der Skagerrak-Schlacht; Untergang der *Scharnhorst* am Nordkap. Für eine Erörterung der Flottenpolitik von Tirpitz und Raeder war die Zeit noch nicht gekommen.

Die Vorträge wurden teils von Universitätsprofessoren, teils von Marineoffizieren gehalten. Anschließend gab es eine Diskussion in voller Offenheit. Sicher wäre das in Preußen als Gift für die Autorität der Vorgesetzten verpönt gewesen. Eine große Hilfe bedeutete mir der ordentliche Professor an der Universität Bonn, Dr. Hubatsch, eine Koryphäe in Seekriegsgeschichte und Kapitän zur See der Reserve. Anfangs beschränkte ich den Teilnehmerkreis auf die Kommandeure als »band of brothers«, dann aber wuchs die Teilnehmerzahl, und heute füllen vierhundert Marineoffiziere die ehrwürdige Aula der Marineschule Mürwik. Indem ich selber bei meiner Rede im Herbst 1957 im Anschluß an ein Manöver über fachbezogene Fragen weit hinausgegangen war, hatte ich deutlich gemacht, daß auch die Themen der Historisch-Taktischen Tagungen der Flotte weiter gefaßt sein sollten.

Ich besuchte die Großadmirale Raeder und Dönitz im Dienstanzug in ihren Wohnungen, eingedenk der Geschichte in der Bergpredigt vom Splitter und Balken im Auge. Raeder war nur noch ein Schatten seiner selbst, seine Frau führte die Unterhaltung. An den Besuch bei Dönitz erinnere ich mich ungern. Er war noch immer der Löwe, und als er keine Spur von Einsicht zeigte, aber die Bundesmarine, besonders ihren Inspekteur, kritisierte, empfahl ich mich bald. Seitdem hatte ich keinen Kontakt mehr zu ihm.

Anders war es mit Admiral Boehm, den ich hoch verehrte und in seiner Kieler Wohnung aufsuchte. Sein Navigationsunterricht 1922 war hervorragend gewesen. Damals gab es noch die schrecklichen Chronometer- und Besteckrechnungen; er war methodisch, bis in die Details gründlich, aber nie kleinlich. Im Kriege lange Torpedobootskommandant, hatte er angeblich sein zusammengeschossenes Torpedoboot über den Achtersteven steuernd nach Zeebrügge hereingebracht, was ihm in meinen Augen einen Glorienschein verlieh. Als Flottenchef war er souverän, besonders sein Torpedoweitschießen der Torpedoboote im Flottenverband bewunderte ich. Last but not least, er sah so aus, wie ich mir einen Admiral vorstellte: elegant, lässig, tadellos gekleidet. Schon seine ideale Laufbahn ließ vermuten, daß er ein hervorragender Flottenchef werden würde.

Seine Ablösung im Oktober 1939 empfand ich als eine Tragödie. Seine spätere Verwendung als Oberbefehlshaber in Norwegen war ein schlechter Trost. Das Schlimmste kommt aber noch. Wie berichtet, stürzte er wegen einer Formulierung in einem Operationsbefehl, den sein Admiralstabsoffizier Weichold aufgesetzt hatte. Weichhold wurde wenig später nach Rom zum Oberkommando der italienischen Marine versetzt. Als er sich bei Raeder abmeldete, sagte ihm dieser, er habe Boehm ohnehin los sein wollen, der angegebene Grund sei nur der Anlaß, nicht die Ursache gewesen. So berichtete mir Weichold.

Fazit: Raeder hatte es in acht Jahren als Oberbefehlshaber der Kriegsmarine nicht verstanden, für den wichtigsten Posten einen Admiral aufzubauen. Dasselbe läßt sich wohl auch von Tirpitz sagen. Allzumenschliches auf Kosten der Sache.

Eine gewisse Unruhe bestand im Offizierkorps über Fragen der Tradition. Ich verstand das Problem überhaupt nicht. Auf die Leistungen unserer Soldaten in Rußland, zumal im Winter, auf dem Monte Cassino und die unserer U-Bootbesatzungen konnten wir stolz sein. Mir scheint, sie wurden zu keiner Zeit und von keiner Nation übertroffen. Diese Tradition konnten wir lebendig machen, ohne viel über die Generalität und Admiralität zu reden. Und rühmen muß man auch die Männer des 20. Juli. Aber hier gab es einige Schwierigkeiten. Wenn ich mich beispielsweise in der Messe eines Minensuchbootes ansagte, konnte es passieren, daß die Offiziere über die »Verräter« Stauffenberg und Beck herzogen. Bald war aber meine Einstellung bekannt. Ich wiederholte immer wieder: das Attentat mußte erfolgen, »coûte qu' il coûte«. Es kam nicht mehr auf den praktischen Zweck an, sondern darauf, daß die deutsche Widerstandsbewegung vor der Welt und vor der Geschichte den entscheidenden Wurf gewagt hatte. Alles andere — die unglückliche Aktentasche — ist dagegen gleichgültig. Und der Generalstabschef des Heeres — ohne Beispiel in der Militärgeschichte — verließ 1938 seinen Posten aus Gewissenszwang. Ob meine Bemühungen, den Männern des 20. Juli Gerechtigkeit widerfahren zu lassen und ihnen einen Platz im Traditions-Denken — auch der Marine — einzuräumen, Erfolg gehabt haben, darüber bin ich mir nicht im klaren, ja, ich habe Zweifel.

Die Zeit von April 1957 bis August 1961 war in meinem Leben die fruchtbarste. Mit meinen Kollegen in der NATO verlief alles erfreulich. Besonders taktvoll und höflich war meine Begegnung mit Lord Mountbatten. Er und Prinz Heinrich, der Bruder des Kaisers, waren die bestaussehenden Männer gewesen, denen ich begegnet bin. Letzterer hatte einmal ein paar Stunden in Eckernförde in unserer Messe gesessen, als wir wegen Nebels das beabsichtigte Einschießen unserer Torpedos verschieben mußten. Ein sympathischer, sportlicher, vorurteilsloser Grandseigneur.

Im Herbst 1959 sollte ich den vierten Leihzerstörer in den USA in Empfang nehmen und erhielt Gelegenheit, mich vierzehn Tage in der amerikanischen Marine umzusehen. Mein Urteil ist natürlich bei der Kürze der Zeit oberflächlich, aber ich glaube doch sagen zu dürfen, daß der Geist im Offizierkorps vorzüglich war. Wie in der Royal Navy galt es fast als ein Makel, im Krieg nicht an der Front zu sein. Dem amerikanischen Seekrieg im Pazifik zollte ich höchste Anerkennung und Bewunderung.

Über die anstehenden Probleme der Bundesmarine, wie Ostsee, Nordsee, Sund und Belt, Schiffstypen und Bewaffnung zu sprechen, würde den Rahmen meiner Erinnerungen sprengen. Außerdem sind die Dinge infolge der rasanten technischen Entwicklung einem schnellen Wechsel unterworfen.

Nur soviel: Während wir in beiden Kriegen die Ostsee unterschätzt hatten, verfielen wir ins Gegenteil — leider. Daher hielt ich auch den Umzug des Flottenkommandos im Frühjahr 1961 von Wilhelmshaven nach Glücksburg für falsch. Während die Marineführung die Aufgabe der neuen Flotte in der Sperrung der Ostseeausgänge für die Russen sah und vor dem Verteidigungsausschuß begründete, war ich den Ansicht, daß Sund und Belt so wenig wie der Rhein eine Marineaufgabe seien. Diese liege vielmehr in der Sicherung des Nachschubs aus Amerika. Ich hielt aber mit meiner Ansicht zurück, eine strategische Differenz zwischen Inspekteur und Flottenchef war in den ersten Aufbaujahren auf jeden Fall zu vermeiden. Nur Strauß gegenüber machte ich unter vier Augen Andeutungen und bemerkte, daß in der allerersten Zeit Heer und Luftwaffe den Vorzug haben müßten vor dem Bau zahlreicher konventioneller, also veralteter Zerstörer. Darauf antwortete Strauß sinngemäß: ich sei der Einzige, der ihm eine Analyse der seestrategischen Lage als Fachmann gebe und nicht einfach Schiffe fordere wie ein Bischof Kirchen.

Grobe Fehler als Flottenchef werfe ich mir nicht vor. Vielleicht war mein Votum gegen den Bau eines Segelschulschiffes — als unzeitgemäß und romantisch — falsch. Offenbar habe ich hier die Imponderabilien unterschätzt. Auch ließ ich die Pflege meiner Beziehungen nach Bonn etwas zu kurz kommen.

Die Stellung Vizeadmiral Ruges als Inspekteur der Marine zum Verteidigungsminister war nicht problemlos. Der Leiter der Personalabteilung, Ministerialdirektor Gumbel, sagte mir, daß der Minister mich als Nachfolger haben wolle. Ich war nun 61 Jahre. Wie aus dem Vorhergehenden leicht zu verstehen ist, wäre ich gerne aus weltanschaulichen Gründen und zur Bewältigung unserer Vergangenheit ein paar Jahre Inspekteur der Marine gewesen. Strauß lud mich zu einer Besprechung in

Bonn ein und sagte mir, daß meiner Ernennung gewisse Schwierigkeiten entgegenstünden. Es gebe nämlich einige Widersacher. Das stimmte natürlich. Erstens war ich in puncto Charme von der Natur etwas stiefmütterlich behandelt, und zweitens war ja unmöglich zu erwarten, daß meine recht einsame Position im Dritten Reich ohne Auswirkungen auf heute bleiben würde.

Mit dieser Bemerkung muß es sein Bewenden haben.

Der Minister wollte sich die Sache noch einmal überlegen. Nach einigen Wochen traf er seine Entscheidung — gegen mich. Ich sollte die Flotte behalten.

Als mich der spätere Verteidigungsminister und Bundeskanzler Schmidt kurz nach dieser Entscheidung in meinem Dienstzimmer besuchte, lächelte er maliziös. Sein Kommentar zu Strauß' Entscheidung ist leicht zu erraten.

Nach viereinhalb Jahren Flottenchef schied ich am 31. August 1961 aus — mein dritter Abschied aus der Marine. Zum Schluß gab es eine Flottenparade etwa bei Elbe I Feuerschiff. Später pullten mich Offiziere im Kutter an Land. Anschließend fand ein Großer Zapfenstreich statt. Ein Essen im Casino mit schönen Reden bildete den Abschluß. Die Flotte bei Übernahme 1957 und bei Abgabe 1961 — das war schon ein Unterschied!

Mein Vater hatte immer gesagt, wer Offizier wird, muß es zum Oberst bringen, andernfalls bleibt er im Subalternen. Ich hatte das mit 42 Jahren geschafft. Nun, da ich Glück gehabt hatte, war meine Absicht, der Kriegsgeschichte einen gebührenden Platz einzuräumen. Im Frieden begegnet der Offizier dem Krieg nur in der Geschichte, dies war ja das Motto der Historisch-Taktischen Tagungen der Flotte. Die Marine ist bekannt für ihren eigenen Humor und pflegt diesen traditionell (Splissen und Knoten). Hierfür steuere ich einige Begebenheiten aus dem Alltag der Flotte bei.

Wenn ich jetzt in der Führungsakademie in Blankenese Kapitäne treffe, die damals Leutnante waren, höre ich manche Anekdote. Zum Beispiel: Beim Evolutionieren fuhr ein Kommandant ganz und gar wie Kraut und Rüben. Mein Winkspruch lautete: Admiral an Kommandant: »Den lieb ich, der Unmögliches begehrt — Faust II. Teil.« Ich führte wieder meinen alten Spitznamen »Johann Nelson« und würzte meine Besichtigungen mit Zitaten von Nelson und Goethe.

Auch folgende Geschichte sprach sich herum: Eines Tages meldete ich Strauß die Flotte »Klar zum Auslaufen.« Die Matrosen waren in ihren besten Päckchen angetreten. Strauß kam im Blazer mit zerknitterten weißen Waschhosen. »Sie sehen mich ja so sonderbar an, Herr Admiral.« »Nicht das ich wüßte, Herr Minister.« »Ist das vielleicht mein Anzug,« der Ihnen nicht gefällt?« »Vielleicht, Herr Minister.« Von da an kam Strauß immer wie aus dem Ei gepellt im Maßanzug zu mir an Bord. Sehr viel ernster, aber auch berichtenswert, scheint mir Folgendes:

Eines Tages erschien der Kommandeur der Marineflieger morgens in meinem Dienstzimmer und meldete mir, ein Flieger sei als Rottenmann tödlich abgestürzt, nachdem er eine elektrische Überlandleitung berührt habe. Der Rottenführer — nennen wir ihn Günther — sollte nach Weisung aus Bonn in der Beförderung übergangen und vor Gericht gestellt werden. Ich sagte alle übrigen Vorträge des Tages ab und erörterte mit dem Kommandeur der Marineflieger bis in den Abend die Lage. Dann entschied ich, meine Kompetenz überschreitend, kein »Kriegsgericht«, aber Beförderung und übergab die auf meinem Tische liegende, aber nicht auszuhändigende Beförderungsurkunde dem Kommandeur. Der Offizier hat es dann noch zu einer Spitzenstellung gebracht.

Statt mit eigenen Worten zu berichten, zitiere ich aus einem Brief eines mir unterstellten Admirals der Bundesmarine:

»Alle diejenigen, die das Glück und die Freude hatten, dem Wiederaufbau einer deutschen Flotte unter Ihrer Führung zu dienen, werden sich an Ihrem Ehrentag in Bewunderung und Dankbarkeit Ihrer erinnern, der Sie für uns (damals) Jüngere Vorbild waren und sind. Ich denke gerne an viele Begegnungen mit Ihnen zurück, in See und auch gelegentlich der ersten, von Ihnen ins Leben gerufenen, Historisch-Taktischen-Tagungen der Flotte. So ist mir eine Szene unvergeßlich in Erinnerung, als zwei hinter mir stehende Boote meiner Division (*Tiger* und *Löwe*) in günstiger Angriffsposition auf ein Geleit, wenige Minuten vor dem Angriff, auf der Weißen Bank miteinander kollidierten; Sie waren bei Wülfing an Bord *Jaguar* und machten bei Annäherung, ohne Fragen zu stellen, das Signal an mich: »Ich drücke den beteiligten Kommandanten die Hand, Flottenchef.«

Die vier Jahre als Flottenchef waren fast frei von Kummer und Ärger. Von Unglücksfällen waren wir in diesen Jahren verschont geblieben. Wir hatten keinen Mann verloren, abgesehen von zwei Fliegern, für die man mich schwerlich verantwortlich machen konnte.

Erwähnt sei auch eine Einladung der sechs höchsten Frontoffiziere der Bundeswehr bei Bundeskanzler Adenauer zum Abendessen im Palais Schaumburg. Nie werde ich vergessen, mit welcher Souveränität er das Zimmer betrat, in dem wir uns versammelt hatten. Er beherrschte die Tafelrunde; selbst der anwesende Minister war ganz kleinlaut. Anders war es in der Villa Hammerschmidt und bei wiederholten Besuchen des Bundespräsidenten Lübke bei mir und der Flotte. Helmut Schmidt besuchte mich häufig, erfreulicherweise.

In diesen Jahren erlebte meine Auffassung von der eigenen Schuld eine Wandlung. Die Beschäftigung mit dem Widerstand ließ mich nicht los. Allen voran verehrte ich Beck, der ja nach Gelingen des Attentats als Staatsoberhaupt vorgesehen war. Ich setzte mich bei den wöchentlichen Vorträgen im Gelben Saal des Ministeriums immer so, daß ich das vergeistigte Profil des nach Charakter, Anlagen und Können letzten wahren Generalstabschefs Deutschlands — im Sinne des alten Moltke — sehen konnte. Bekanntlich trat Beck nach endlosen Querelen und Enttäuschungen mit dem Oberbefehlshaber des Heeres, v. Brauchitsch, im August 1938 von seinem Posten zurück und wurde am 1. November 1938 entlassen. Er hätte gern noch einen Armee- oder Gruppen-Oberbefehl erhalten, aber Hitler lehnte ab. Sein Ansinnen war ein Trost für mein Verhalten. Nun erleichterte sich meine Last. Statt ins Elend gegangen zu sein und in einem untergeordneten Posten im Krieg meiner Wehrpflicht zu genügen, dankten mir nun die Frauen meiner Besatzungen in rührender Weise, daß ich ihnen ihre Männer erhalten hatte.

Nicht zuletzt, um auch solche Gedankengänge wie überhaupt die Summe meiner Erfahrungen weiterzugeben, bemühte ich mich nach meiner Pensionierung um eine Stelle als Marinegeschichtslehrer an der Marineschule Mürwik. Dies wurde zu meinem Bedauern abgelehnt mit folgender Begründung: Erstens könne ich als ehemaliger Flottenchef nicht dem dienstgradniederen Kommandeur der Marineschule Mürwik unterstellt werden (mir und meiner Ehre hätte das keinen Abbruch getan); zweitens aber sei ich kein Akademiker — vielleicht hätte ich aber dennoch (oder erst recht!) die Offizieranwärter für die Marinegeschichte begeistert. Begeisterung kann wichtiger sein als wissenschaftliche Korrektheit. Und später hat die Marine m. W. diesen Dienstposten durchaus über längere Jahre mit Nicht-Akademikern besetzt.

Bundesbeauftragter beim Seeamt Hamburg

Statt mich nun wirklich dem Ruhestand hinzugeben, nahm ich einen Posten in der Industrie an. Bald mußte ich erkennen, daß sich meine Funktion auf die eines »Frühstücksdirektors« beschränkte. Als solcher wurde ich zwar gut bezahlt, hatte auch ein prächtiges Direktorenzimmer und einen vorzüglichen Mittagstisch — aber eine wirkliche Aufgabe hatte ich nicht. Als der Versuch scheiterte, mir eine ernstzunehmende Aufgabe zu beschaffen, bat ich um Lösung meines Vertrages: Für Geld ohne eigene Gegenleistung war ich zu stolz — im Gegensatz zu manch einem anderen.

In einer anderen Industriefirma brachte ich es nach kurzer Probezeit zum Prokuristen, worauf ich mächtig stolz war: 2 000 Beschäftigte, 60 Millionen DM Umsatz; und ich war für die Finanzen zuständig! Und dennoch: Als im Winter 1964/65 der

Bundesbeauftragte beim Seeamt Hamburg, Vizeadmiral a.D. Hoffmann, die Absicht kundtat, im Frühjahr seinen Posten aufzugeben, bewarb ich mich — konnte ich doch so ein während meiner Verlobung gegebenes Versprechen unverhofft einlösen: nach Beendigung meiner aktiven Laufbahn wollte ich »Reichskommissar« in Hamburg werden. Und ich hatte Glück: trotz jüngerer Bewerber konnte ich am 17. Mai 1965 nunmehr als Ehrenbeamter meinen fünften Eid leisten.

Die neue Tätigkeit empfand ich als idealen Auslauf meiner Seeoffizierlaufbahn: Wichtige, auch in der Öffentlichkeit beachtete Tätigkeit von guter Qualität, aber nicht allzu großer Quantität. Es war eine knappe Halbtagsbeschäftigung. Ich fühlte mich vom ersten Tag an wohl, was auch zusammenhing mit meiner Sympathie für Hamburg — Hafen — Elbe — Alster — Jungfernstieg.

Diese 18 Jahre beim Seeamt waren so gut wie frei von Ärger. Keine Marinepolitik, keine Vorgesetzten, keine Intrigen, keine Eifersucht. Während die Seeämter Behörden der Länder waren, war die Berufungsinstanz eine Behörde des Bundes, das Bundes-Oberseeamt. Letzteres war vorzüglich besetzt, in der Regel durch den Präsidenten des Oberlandesgerichts und zwei Senatspräsidenten. Von 100 Fällen entschied das Seeamt 95 in meinem Sinne. Ich war nicht rechthaberisch und ging nur bei grundsätzlichen Problemen in die Berufung, die ich dann vertrat.

Das See-Unfall-Gesetz stand in einem gewissen Widerspruch zum Grundgesetz, nämlich als Misch-Verwaltung. Die Versuche des Bundesverkehrsministers, sich mit den Ländern zu einigen, sind in den 18 Jahren meines Dienstes ohne Erfolg geblieben.

Wenn überhaupt etwas Negatives zu vermerken ist, so war es die Gewerkschaft ÖTV. Dies aber nahm ich nicht tragisch, da ich ja auf Grund meiner Pension ein freier Mann war. Mein Vertreter war der angesehene, fähige und loyale Admiral Meyer, mit dem ich vierzig Jahre kameradschaftlich, danach zwanzig Jahre freundschaftlich verbunden war. Trotz eines im Ruhrkampf eingebüßten Armes war er erfolgreicher Kleinbootsfahrer gewesen; dann Kommandant des Schlachtschiffs *Tirpitz*. In der Bundesmarine war er Leiter der Admiralstabslehrgänge.

Von den Reisen wie von der Arbeit des Seeamtes, von den Fällen, mit denen wir befaßt waren, gäbe es viel Interessantes zu berichten.

Nicht immer war ich mit mir zufrieden. Ich plädierte sofort nach Schluß der Beweisaufnahme, weil eine Pause den Gang der ganzen Sache unterbrochen hätte, und weil die Beisitzer keine Gelegenheit haben sollten, sich durch einen Gedankenaustausch vor meinen Ausführungen ein Urteil zu bilden. Aber, wie gesagt, manchmal dachte ich hinterher, ich hätte es besser machen können.

Mein Brotherr war der Bundesverkehrsminister in Bonn. Die Abteilung Seeverkehr war nach Hamburg ausgelagert, unter den etwa zwanzig Referenten war kein Nautiker, alles Juristen oder Volkswirte. Es hatte für mich wenig Sinn, mich mit Laien über nautische Dinge zu unterhalten. In England, auch in der DDR, war das besser. In der letzten Zeit im Seeamt entfernte ich mich von der Härte der ersten Jahre, wahrscheinlich die gefährliche Altersweisheit: »Alles verstehen, heißt alles verzeihen«. Manche sagten sogar, ich tauschte zuweilen meine Rolle als Ankläger mit dem des Verteidigers. Bei den Lotsen genoß ich nun Wohlwollen, das war ein schlimmes Zeichen, ein Alarm. Da ich auch meine Einschiffung zu den jährlichen Informationsreisen den Kapitänen bei meinem Alter — über achtzig — nicht mehr zumuten wollte, dachte ich, es sei langsam Zeit zum Schlußmachen.

Nach 18 1/2 Jahren beim Seeamt und im Alter von 83 Jahren fand ich es an der Zeit auszuscheiden. Weniger, weil ich mich verbraucht fühlte, sondern des Stils wegen. Die beteiligten Kapitäne, die sich vor dem Seeamt verantworten mußten, konnten nun in der Regel meine Enkel sein. Ich bekam auch keinen Nachfolger, sondern mein Vertreter in Lübeck übernahm meinen Dienst. Statt 100 Fällen im Jahr bei Beginn meiner Tätigkeit waren es nun nur noch ungefähr 25. Das hängt natürlich zusammen sowohl mit der Schrumpfung der deutschen Handelsflotte als auch mit dem größeren Raumgehalt der Schiffe sowie last but not least mit der vorzüglichen Radarkette auf der Elbe.

Mein Abschied im großen Saal der Verkehrsbehörde war würdig und harmonisch. Die gehaltenen Reden empfand ich als schmeichelhaft. Auf dem Nachhauseweg blickte ich zurück, und mir fiel eine Briefstelle meines geistigen Freundes von Jugend an, des alten Feldmarschalls Moltke ein, der 1856 seiner Frau aus Petersburg geschrieben hatte:

»Die Zufriedenheit wohnt so oft, wo man sie nicht vermutet, auf dem schwankenden Brett eines Schiffes, während Gram und Herzeleid unter dem strahlenden Kronleuchter eines Ballsaales walzen.«

— F I N I S —

Anlagen

Abschrift
Stellungnahme der Kampfgruppe zum Kriegstagebuch
der 4. Zerstörerflottille vom 16.10. — 31.10.1943

1. Zu 26.10., S. 106, vorm: Der Auffassung des Flottillenchefs bezügl. Verlegung des Rückmarschkurses in größere Küstennähe wird zugestimmt. Nach Auftreten zw. Kanin Noß und Kap Borodetzki muß ohnehin damit gerechnet werden, daß der Küstenverkehr zwischen Jokanga (Swatoi Noß) und Teriberski »Kaninchen« spielte und sich so dicht wie möglich an die Küste verholte.

2. Zu 27.10., 14.00 Uhr: Die Ausführungen des Flottillenchefs bezügl. Ausnützung guter Wetterlagen werden unterstrichen. Gerade im Nordmeer spielt der Mond eine untergeordnete Rolle, da auch Neumondnächte durch Nordlicht sehr hell, Mondnächte aber durch sehr dicke Bewölkung und sonstige meteorolog. Verhältnisse (Dunst, Nieselregen, Schnee) sehr unsichtig und dunkel sein können. Die Verhältnisse liegen ähnlich wie vor etwa 1 Jahr bei der Unternehmung »Zarin (Nowaja Semlja)«, bei der auch die optimale Wetterlage um rund 24 Std. verstrichen war.

3. Zu 28.10., 12.50 Uhr, S. 111: Der Lagebeurteilung, insbesondere der Begünstigung der eig. Unternehmung durch eine *ostwärts* stehende, nach *Osten* marschierende Feindgruppe, wird zugestimmt. Seitens K-Gruppe wurde der gemeldete Gegner als Überführungsgruppe für lcht. Streitkräfte gedeutet. Von diesen mußte angenommen werden, daß rasches Gewinnen von Landnähe und der angesteuerten Häfen ihr Hauptziel sein wird. 250 sm vorwärts der eigenen Vormarschrichtung konnten sie somit kaum Einfluß auf »Katharina« gewinnen.

4. Zu 28.10., 16.20 Uhr, S. 112: Der Lagebeurteilung des Flottillenchefs wird zugestimmt. Der Vorschlag auf Weiterführung der Unternehmung wurde seitens der Kampfgruppe erwartet und begrüßt.

5. Zu 28.10., 22.00 Uhr, S. 133: Bezügl. des Nordlichts siehe Ausführungen unter 2.

6. Zu 29.10., 09.10 Uhr, S. 114/115: Die Lagebeurteilung entspricht meiner eigenen. Siehe auch eigenes K.T.B.

Im Entwurf gez.:
K u m m e t z

Für die Richtigkeit:
Der 1. Admiralsstabsoffizier:
gez. Unterschrift
Reinicke

Abschrift
Stellungnahme des Marinegruppenkommandos Nord und Flottenkommandos zum KTB der 4. Zerstörerflottille für die Zeit vom 16. — 31.10.1943

Zum 28.10.: Abbruch Unternehmen »Katharina«

1. Der Stellungnahme des Admiral Nordmeer wird in vollem Umfange zugestimmt. Der Rückruf der Zerstörer erfolgte seinerzeit in voller Übereinstimmung mit der Auffassung der Gruppe Nord/Flotte.
2. Die Ansicht der Kampfgruppe wird nicht geteilt. Die lückenhafte Aufklärung ließ zunächst keine klare Deutung der Bewegungen und Absichten des Gegners zu. Ein zwingender Grund, die Unternehmung gerade zu diesem Zeitpunkt durchzuführen, bestand nicht. Ein Abbruch der Unternehmung war in diesem Fall durchaus gerechtfertigt.
3. Die Abgabe des Kurzsignals durch den Flottillenchef, nachdem er den eindeutigen Befehl zum Abbruch erhalten hatte, war überflüssig.

Für das Marinekommando Nord
und Flottenkommando
Der Chef des Stabes i. V.
gez. Unterschrift

Abschrift
Kommando
4. Zerstörerflottille
B.Nr. Gkdos 2/44

An Bord, den 5. Januar 1944
An
Kampfgruppe

<u>Betr.</u>: Kriegstagebuch 4. Zerstörerflottille 16. — 31.10.1943
<u>Vorg.</u>: Gr. Nord/Flotte Gkdos 5938/43 AII vom 16.12.1943

Zum Kriegstagebuch der 4. Zerstörerflottille über das Unternehmen »Katharina« nimmt das Flottenkommando wie folgt Stellung:
»Die Abgabe des Kurzsignals durch den Flottillenchef, nachdem er einen eindeutigen Befehl zum Abbruch der Unternehmung erhalten hatte, war überflüssig.«
Das Kurzsignal hatte gelautet: Halte Zeitpunkt für Durchführung Unternehmung für günstig.
Nach meiner Auffassung entscheidet diese Stellungnahme die grundsätzliche Frage, ob nämlich der Führer in See seiner operativen Führungsstelle seine Auffassung melden darf, auch wenn diese nicht erfragt ist und sogar bestimmt oder voraussichtlich von der Ansicht seines Vorgesetzten im negativen Sinne.
Im vorliegenden Fall setzte ich Zweifel in die Güte der Aufklärungsmeldung der Luftwaffe, die nach Aufnahme des optischen Signalverkehrs in See mit den Aufklärungsmaschinen noch verstärkt wurden durch die Unsicherheit in der Beantwortung meiner Fragen. Den Befehl zum Abbruch habe ich sofort ausgeführt, hielt mich jedoch für befugt, meine Lagebeurteilung dem Admiral Nordmeer zu melden. Mein unmittelbarer Vorgesetzter, der Befehlshaber der Kampfgruppe, Admiral Kummetz, schreibt in seiner Stellungnahme zu meinem K.T.B., daß er dieses Kurzsignal erwartet und sogar begrüßt habe.
Der Kommandant des Schlachtschiffes *Tirpitz*, Kapitän zu See Meyer, im Frieden Ausbilder der Führergehilfen, im Kriege Chef des Stabes des Marinegruppenkommandos West, hat sich mir gegenüber dahin geäußert, daß ich meine Auffassung zu melden, nicht nur berechtigt, sondern sogar verpflichtet sei. Meine eigene Überzeugung ging bis jetzt dahin, daß in der Kriegsgeschichte die Erlaubnis zur Lagebeurteilung und Meldung von Untergebenen an den Vorgesetzten niemals verboten gewesen ist, zumal nach Erhalt eines Rückzugsbefehls. Es ist klar, daß es hierbei unerheblich ist, ob die Beurteilung richtig oder falsch ist.
Damit im Flottenbereich eine gleichmäßige Auffassung hergestellt wird, bitte ich zu erwägen, allen Chefs und Kommandanten eine Weisung der Flotte hierüber zukommen zu lassen.

gez. *Johannesson*

Anlage 2

Abschrift

Kriegstagebuch der 4. Zerstörerflottille vom 20.1.1944:

Nach Abgabe der Dienstgeschäfte des B.d.K. an den Kommandanten der *Tirpitz* möchte ich nunmehr die Erfahrungen aus der Geleitzugoperation am 26.12.1943, wie sie sich mir jetzt darstellen, in den Hauptpunkten wie folgt zusammenfassen:
1. Der Entschluß, mit *Scharnhorst* und 5 Zerstörern den Geleitzug anzupacken, war sehr kühn. Der Gesamtlage entsprechend habe ich ihn voll verstanden. Der Angriff stellte nach der gemeldeten und der noch zu vermutenden Stärke des Feindes an den Führer der Kampfgruppe, dem die operative Führung diese Aufgabe übertrug, höchste Anforderung an Können, Erfindungsgabe und Charakter. Von heißer Leidenschaft für die Sache erfüllt, mußten die Kräfte seines Verstandes und seiner Seele, die Erfahrungen eines langen Berufslebens und seine heiße Vaterlandsliebe ihre Bewährung und Krönung finden. Gerade die nicht ganz geklärte Feindlage konnte Überraschungen bringen und große Entschlüsse notwendig machen, sei es in wagemutigem Zupacken und letztem Einsatz, sei es aber auch im Beweis seines Mutes zur Aufgabe der Unternehmung, falls seine Verantwortung ihm schweren Herzens diesen Entschluß befahl.
Hierzu bedurfte der Führer der Operation meines Erachtens in erster Linie volle Selbständigkeit und Freiheit.
Es erscheint mir daher der Erwägung wert, ob dieser Lage besser Rechnung zu tragen ist durch Herausgabe eines klaren Befehls mit Datum des Auslaufens, Marschfahrt usw., wie dies etwa in Op.-Befehl ›Ostfront‹ vorgesehen ist, oder ob es besser ist, lediglich eine *Weisung* herauszugeben: Der Geleitzug ist anzugreifen, wobei dem Führer der Kampfgruppe Zeitpunkt, Art, Wahl der Streitkräfte usw. allein überlassen werden. Für letztere Methode sprechen meiner Ansicht nach manche Gesichtspunkte. Andere Streitkräfte, besonders Einheiten der Luftwaffe für eine kombinierte Operation, standen nicht zur Verfügung. Der Zeitpunkt, der Ort, die Art des Angriffs waren lediglich von taktischen, kaum von operativen Umständen abhängig. Wie ein Jäger auf dem Anstand konnte der B.d.K. in einer der Absprungbasen an der Küste Nordnorwegens klar sein, um sich in dem Moment auf sein Wild zu stürzen, wo ihm die Verhältnisse am günstigsten schienen. Ob das am 25., 26., 27. oder noch später der Fall war, hing fast ausschließlich von Umständen ab, die der Führer der Kampfgruppe nur selbst, sondern vielleicht sogar am besten übersehen konnte. Er konnte sich hierbei auch der Mitarbeit seiner Chefs und Kommandanten bedienen, für seine sich ihm nach Lage ändernden Absichten auch geänderte Richtlinien herausgeben. Die Unterführer konnten sich ganz auf seine Überlegungen einstellen und sich vertraut machen mit der zu erwartenden Lage und der Beurteilung des Führers in See. Kein Kriegsrat, aber ein völliges Vertrautsein mit der voraussichtlichen Führungsart ist ein in seinen Auswirkungen schwer zu beurteilender Vorteil.
Demgegenüber hat ein *Befehl* zweifellos auch manchen Vorteil, vor allem weil der Wille der *höchsten* Vorgesetzten eindeutig, unmißverständlich, und damit in starker, werbender, bedingungsloser Form zum Ausdruck kommt und jedes Schwanken und Wanken, falls ein Charakter hierzu neigt, im Keim erstickt wird.
Nicht notwendigerweise, aber tatsächlich, hat sich die Wahl des *Befehls* und nicht der Weisung so ausgewirkt, daß die Kampfgruppe bei Eingang in zwei Fjorden verstreut lag,

keine Vorbesprechungen, kein besonderer eigener Plan und wohl auch keine eigene Entschlußfassung stattgefunden haben, so daß schließlich der Verband recht spät und ein wenig hastig in See ging. Es war allen klar, daß der B.d.K. nicht mit einem Angriffsbefehl gerechnet hatte. Offensichtlich fühlte er sich gebunden, am 26.12. mit der Helligkeit und mit allen Streitkräften einschl. *Scharnhorst* anzugreifen. Andernfalls halte ich es für möglich, daß er eigene Pläne entworfen und uns mit ihnen vertraut gemacht hätte.

2. Die taktische Führung verzichtete auf den geschlossenen Angriff der Kampfgruppe. In mehreren Gesprächen hatte ich dem B.d.K. vorgeschlagen, die Zerstörer im Falle einer Geleitzugmeldung allein fahren zu lassen, wenn aber von oben befohlen würde, die *Scharnhorst* mitzunehmen, zusammenzubleiben. Sichern und aufklären könnten 5 Zerstörer nicht; also nur sichern, selbst wenn wir vorbeistießen. Ich war überrascht über den Aufklärungsbefehl mit dem Aufklärungsstreifen der Zerstörer und der weit hinten (10sm) allein stehenden *Scharnhorst*. Aber selbst aus dieser Aufstellung wäre noch Gelegenheit gewesen, bei Auftreten des Kreuzers gegen 09.30 Uhr die Zerstörer heranzuziehen und in der geschlossenen Kampfgruppe der Sicherung zu Leibe zu gehen. Gelang dies, konnte der Geleitzug später, unter Umständen in den nächsten Tagen, angenommen werden. Die Aussichten: *Scharnhorst* und 5 Zerstörer gegen die leichte Kreuzergruppe ohne Zerstörer bei letzterer waren meines Erachtens gar nicht schlecht. Aber bei unserer grundsätzlichen Unterlegenheit auch noch teilen und *Scharnhorst* auf die Sicherung, die Zerstörer auf den Geleitzug gleichzeitig operieren zu lassen, konnte eine Überschätzung unserer Möglichkeiten sein. Ich selbst habe daher auch, als ich detachiert wurde, die Flottille sofort gesammelt; ich hatte ja tagelang Zeit, den Geleitzug zu suchen. Alle Kommandanten sind von mir darin erzogen, daß wir in solchen Situationen wie ein Keil zusammenhalten und nach Finden des Geleitzuges in engem Zusammenhalt bleiben und kämpfen. Wir hatten dies oft durchgespielt, signaltechnisch vorbereitet, und auf diese Weise wußten wir: Wen wir treffen, muß ein Feind sein.

Das Charakteristikum für den Gegner, mindestens für die Nahsicherung war, sich aufzulösen und überall und gleichzeitig sein zu müssen, zumal Zeitpunkt, Richtung und Stärke unseres Angriffs nie mit Sicherheit bekannt sein konnten. Die Vorteile der Überraschung, der ausgeruhten Besatzung, des größeren Brennstoffbestandes waren eindeutig auf seiten des Angreifers. Sie konnten ein Ausgleich auch gegen einen zahlenmäßig überlegenen Gegner bedeuten, der im übrigen geschwindigkeitsmäßig uns wahrscheinlich nachstand.

Im Falle eines glücklichen Ausgangs des Kreuzergefechts wäre *Duke of York* kaum in der Lage gewesen, uns allein mit *Jamaica* zu erledigen. Zusammenbleiben, Konzentrieren scheint mir, wie bei allen Mittelmeergeleiten, auch hier als richtig bestätigt.

3. Es ist nicht richtig, Schwierigkeiten in erster Linie bei uns zu sehen, beim Gegner jedoch zu übersehen. Wir dürfen uns wohl nicht vorstellen, daß drüben an den Kanonen nur Ladenummern stehen, wie wir sie aus Gibraltar und von manchem englischen Kreuzer aus der Vorkriegszeit in Erinnerung haben: Herkulesgestalten, zwischen 25 und 35 Jahren, die gar nicht den Ehrgeiz haben, Unteroffizier zu werden, sondern jahrelang zufrieden sind, gut bezahlte, gut behandelte Mannschaften der königlich-englischen Marine zu sein. Immerhin ist kaum anzunehmen, daß der weniger strebsame Engländer gezwungen ist, die eingearbeiteten Leute fast sämtlich auf die Unteroffiziersschule abzugeben, und wie bei uns mit überwiegend seeungewohntem Personal zwischen 18 und 20 Jahren zu fahren.

Ich weiß nicht, ob der englische Zerstörer, dessen Typ mir aus meiner *Hermes*-Kommandantenzeit genau bekannt, und dessen große Nachteile den Besatzungen meiner Flottille oft genug vor Augen gestellt wurden, von erfahreneren Offizieren als bei uns geführt wird. Bei uns waren von den 5 Zerstörerkommandanten 1 zwei Jahre, die anderen 4 alle kürzer als ein Jahr Kommandant; für 2 Kommandanten war es die erste Feindunternehmung.

Auch für Admiral Bey war es die erste Unternehmung, die er von der Brücke eines großen Schiffes führte. Er hatte nie in seinem Leben ein Schiff betreten, wie er im November/Dezember oft erzählte. Der Kommandant *Scharnhorst* war zum ersten Mal in seinem Leben Kommandant in der Flotte und dies war seine erste Feindunternehmung. Ein Blick in das Admiralstabshandbuch England zeigt uns, welcher Art unsere Gegner waren. 12 Jahre Kapitän zur See ist in England normal. Als Kommandanten von mehreren Schiffen hintereinander erweisen sie ihre Führereigenschaft, bekommen Routine und Sicherheit. Admiral Frazer, unser Gegenspieler, war Kapitän zur See, als Admiral Bey noch Oberleutnant war; das braucht kein Vorteil zu sein, wird aber in einem so auf Erfahrung beruhenden Beruf wie unserem auch kein Nachteil sein. Brückenerfahrung, Verbandsschulung und ein eingearbeiteter Stab sind nun einmal nicht durch Tapferkeit oder durch Theorie auszugleichen.

Die K.T.B.'s der Kommandanten sprechen eine beredte Sprache. Es scheint mit erwägenswert, eingefahrene Kommandanten in ihrer Stellung zu belassen ohne Rücksicht auf Dienstalter, Dienstgrad oder Abspannung. Ein großzügiger Urlaub während der Werftzeit muß in unserer Lage genügen, mit frischer Kraft den alten Platz wieder einzunehmen.

4. Von den äußeren Bedingungen, die auf den Ablauf des Unternehmens Einfluß hatten, war wohl das wichtigste das Wetter, das als »Nordmeerwetter« sein Charakteristikum in wechselnder Sicht, steilen Barometersprüngen und im Winter in zahllosen Stürmen findet. Es spielt hier oben eine ähnliche Rolle, wie bei den Landsoldaten das Gelände. Das Auslaufen bei so stürmischem Wetter wie am 25.12. konnte gute Gründe haben, da es für einen Geleitzug von 40 Schiffen eine in unserem Sinne liegende Auflockerung bedeutete. Jetzt den günstigsten Augenblick für unseren Angriff zu erhaschen, wo einerseits der Seegang die volle Waffenverwendung und die Sicht die erforderliche Übersicht ermöglichte, andererseits das Sammeln des Geleitzuges noch nicht abgeschlossen sein konnte, heißt, das Wetter uns nutz- und dienstbar machen. Damit erhält das Problem des Punktes 1. ein weiteres Argument zu Gunsten der Weisung.

gez. *Johannesson*

Vorbemerkung:
Am 23. April 1957, also kaum drei Wochen nach meinem Kommandoantritt, verfaßte ich ein Schreiben über den Aufbau der Bundesmarine. Heute überwiegt meine damalige Ansicht in der Marine, doch nun ist es zu spät, nachdem für horrende Millionen ein Flottenkommando unter der Erde in Glücksburg errichtet wurde. Damals stimmte nach meiner Erinnerung nur das Wehrbereichskommando in Kiel (Admiral Rogge) mir zu:

Kommandeur der   Wilhelmshaven, den
                                                         23.4.1957
Seestreitkräfte
Betrifft: Aufbau der Bundesmarine

I. Nach dem Organisationsplan der Bundesmarine werden die Seestreitkräfte in taktischer Unterstellung (BSN, BSO) und Dislozierung (Hauptliegehäfen) in die Nordsee und Ostsee derart verteilt, daß der Hauptteil der Zerstörer und Schnellboote in der Ostsee, der Hauptteil der Minensuch- und Räumverbände in der Nordsee liegt. Im ganzen kann von einer Schwerpunktbildung in der Ostsee gesprochen werden. In logischer Konsequenz der Bedeutung, die den Ostseeausgängen heute in allen Verlautbarungen zugewiesen werden.
Es scheint mir die Frage zu sein, ob die Betrachtung der wirklichen Lage nicht zu anderen Schlüssen kommt.
II. Seit jeher ist die klassische Aufgabe einer Seemacht in erster Linie die Kontrolle der Seewege, d.h. der Schutz der eigenen Seeverbindungen und das Unterbrechen der Seeverbindungen des Gegners. Die eigenen (und alliierten) Seeverbindungen laufen über den Atlantik. Ob sie in der Nordsee, allenfalls Kattegatt enden oder infolge der Entwicklung der Kriegslage in mehr westlich gelegenen europäischen Häfen, ist eine andere Frage. Daß diese Seeverbindungen bedroht sind und daher geschützt werden müssen, steht außer Zweifel.
Echte Seeverbindungen Sowjetrußlands gibt es nicht. Nachschub auf der Ostsee bringt zwar Vorteile gegenüber dem Landweg, ist jedoch kein lebensnotwendiges Bedürfnis, keine Seeverbindung im ursrpünglichen Sinn des Wortes.
Der Schutz der eigenen Atlantik-Seeverbindungen erfolgt in erster Linie durch Geleit-Zerstörer (Fregatten) und größere Einheiten. Minensuch- und Räumverbände sind auf Grund der westeuropäischen Küstengestaltung unentbehrlich. Für Schnellboote gibt es hier so gut wie keine Verwendung.
Auf Grund der wahrscheinlichen Entwicklung der Lage im ersten Teil eines Konfliktes muß die Dislozierung der erwähnten Streitkräfte so weit westlich erfolgen als möglich; in Friedenszeiten in der Hauptsache westlich der Weser, im Kriegsfalle wahrscheinlich westlicher und nördlicher. Der Standort des BSN entsprechend.
III. Wie gesagt, gibt es keine echten Seeverbindungen in der Ostsee. Auch keine eigenen. Es bleibt zu untersuchen, ob es eine Aufgabe der Sicherung der Ostsee (Minensperren) oder der Ein- und Ausgänge der Ostsee gibt, die einen entsprechenden Aufwand und Einsatz der Bundesmarine lohnen. Hierbei darf davon ausgegangen werden, daß die NATO kaum bereit sein wird, durch starke alliierte Streitkräfte noch durch maßstabgerechte Hilfe beim Aufbau deutscher Seestreitkräfte (zum Beispiel Verkauf oder

Leihen *beträchtlicher* Zerstörerverbände) ein militärisches Gleichgewicht gegenüber der sowjetischen Ostseeflotte zu schaffen. Schließlich ein drittes Mal wollen wir aber nicht in hoffnungsloser Unterlegenheit zur See fechten.

Hinzu kommt, daß der uns in der Ostsee verbliebene Raum (Kiel/Flensburg/Fehmarn) als Basis weder für größere Unternehmungen ausreicht noch überhaupt gesichert werden kann.

Schließlich ist es mehr als unwahrscheinlich, daß die Sowjets die Inbesitznahme der Ostseeausgänge über See mit all den Risiken und längerem Zeitbedarf anstreben, anstatt denselben

Erfolg schneller und sicherer auf dem Landwege zu erreichen. Die Ostsee ist bei dem heutigen Stand der Luftwaffe als kaum mehr als ein Binnensee anzusprechen und zu behandeln.

Erscheint eine alliierte Trägerflotte in der Nordsee/Skagerrak, so bedarf sie starken Schutzes, an dessen Beteiligung deutsche Seestreitkräfte ausschließlich aus der Nordsee bereit gestellt werden müssen.

Es dürfte kaum realistisch sein, bei einem alliierten Gegenstoß in der zwoten Phase eines Krieges mit einer überholenden Landung, etwa bei Reval zu rechnen. Zum mindesten ist dies nicht unsere erste Sorge und kann daher nicht in der ersten Phase des Aufbaues der Bundesmarine berücksichtigt werden.

Welche Folgen ergeben sich aus II. und III.?

a) Konzentration auf *eine* Aufgabe und zwar in der Nordsee
b) Aufbau einer starken Geleit-Zerstörer und Zerstörerwaffe (die beiden geplanten Minenschiffe können als Mehrzwecke-Schiffe ebenfalls Verwendung im Geleitschutz finden.)
c) Vordringlicher Ausbau von Wilhelmshaven, Emden und Borkum
d) Verlegung des BSN westlich der Weser
e) Der BSO ist nicht mehr als ein Vorposten und entsprechend klein aufzustellen.
f) Die Anlage neuer Häfen in der Ostsee, wie der Ausbau neuer Liegeplätze in Kiel über ein bestimmtes Maß hinaus ist neu zu überprüfen.
g) Ebenso ist Umfang und Tempo des Aufbaus eine Schnellboots-Waffe neu zu überprüfen.
Unter Umständen entfallen überhaupt die Voraussetzungen für eine Schnellboots-Waffe, Kleinkampfmittel dürften genügen.

V. Sollte man auf Grund vorstehender Überlegungen zu einer Verlagerung des Schwerpunktes in die Nordsee kommen, so würde dies politisch gegenüber den Russen nur günstig wirken, ein Vorteil für uns, für den wir keinen wirklichen Preis zahlen.

Johannesson

Ausführungen des Kommandeurs der Seestreitkräfte vor den Offizieren im Anschluß an die Manöverkritik der August-Flottenübungen am 29. August 1957 in Cuxhaven

Wilhelmshaven, den 31.8.1957

Meine Herren!

Ich möchte nach der Besprechung der hinter uns liegenden Manöver auf fachlichem Gebiet nun noch etwas sagen über allgemeine Fragen, die sich beziehen auf unsere Stellung zu unserer Umwelt und hierbei auch einige heiße Eisen anfassen.

Ich möchte diesen Ausführungen einige Zitate voranstellen, die weitab liegen und aus dem klassischen Altertum stammen. Ich tue dies deswegen, weil solche Zitate fern von dem Meinungsstreit der Gegenwart geeignet sind für unseren Maßstab, den wir an unsere Gegenwart legen und darf das tun, weil wir alle wissen, daß unsere ganze abendländische Kultur ja ihre Wurzeln hat im römischen Recht und in der griechischen Philosophie. Ich selbst bin mit der griechischen Kultur, mit Landschaft und Kunst als Zerstörerkommandant in lebendige Verbindung gekommen, und es war naheliegend, mich dann auch mit griechischer Geschichte zu befassen, insbesondere mit dem Historiker Thukydides.

Hierbei stieß ich auf die berühmte Rede des Perikles für die Gefallenen des 1. Jahres des Peloponnesischen Krieges, und seitdem ist sie mir zu einer Art politischen Glaubensbekenntnisses geworden.

Perikles sagt in dieser Rede:

»Was unsere Staatsverfassung angeht, so heißt sie eine *Demokratie*, weil sie nicht auf einigen wenigen, sondern auf dem großen Haufen beruht. Die Gesetze gewähren einem jeden *gleiche* Rechte.«

und weiter:

»Scheut keine Gefahr des Krieges in der Überzeugung, daß *Freiheit* die *wahre Glückseligkeit* und Unerschrockenheit die wahre Freiheit ausmachen.«

und schließlich:

»Ein *solcher* Staat ist es, für welchen unsere *Mitbürger* so heldenmütig gefochten und welchen zu erhalten sie ihr Leben geopfert haben.«

Was mich besonders ansprach ist, daß damals, vor mehr als 2 000 Jahren, die Kämpfer offensichtlich von dem Wesen ihres Staates — ein *solcher* Staat ist es — ein ganz lebendiges Bild hatten und zweitens, daß sie als *Mitbürger* angesprochen wurden.

Ich bekenne, daß in meinem Leben als junger Marine-Offizier keine solch lebendige Verbindung zum Staat bestanden hat, daß wir Offiziere in einer Art Isolierung lebten. Allein, daß wir nicht wählen konnten, unterschied uns von allen anderen Landsleuten. General von Seeckt, der Gründer des Reichsheers, hat diese Isolierung bewußt gewollt, indem er die »unpolitischen Offiziere« schuf, um die Offiziere in gewisser Hinsicht abzuschirmen gegen die Weimarer Republik.

Wie kam es zu dieser Isolierung? Das deutsche Offizierkorps war in seinen militärischen Leistungen hervorragend, gesellschaftlich eine Art Kaste mit seinen Wurzeln noch in der Feudalzeit und nach dem Sturz der Monarchie nicht in den Staat integriert. Ich erinnere, daß unter

Hindenburg bei uns das Duell erlaubt, ja, geboten war im Widerspruch zum Strafgesetzbuch unseres Staates. Das damalige Offizierkorps war bestimmt durch den Begriff der Ehre, und zwar einer Sonderehre, die es einerseits gegen die Umwelt *isolierte*, andererseits an eine Gemeinschaft band, in der man lebte, die einen trug und der man verpflichtet war. Das Individuum war eingefügt in das Kollektiv, das Kollektiv schützte den Einzelnen, nahm ihm einen Teil seines Daseinskampfes ab und forderte dafür eine bestimmte Haltung. Dieses Offizierkorps ist dahin. Das Sterben begann mit der Ermordung des Generals von Schleicher und endete am 8. Mai 1945.

Eine Sonderehre des Offizierkorps gibt es nicht mehr und soll es nach meiner Ansicht auch in Zukunft nicht mehr geben.

Sprachlich verwandt mit der Ehre ist die Ehrfurcht, die Ehrfurcht, wie sie Goethe als eine 4fache Haltung des Menschen lehrt. Die Ehrfurcht vor dem, was über uns ist, die Ehrfurcht des Menschen vor seinesgleichen, 3. die Ehrfurcht — Goethe nennt sie die spezifisch-christliche — vor dem, was unter uns ist, also Armut, Schmach und Leiden, und schließlich die Ehrfurcht vor uns selbst als jenem Wesen, das Gott geschaffen hat.

Die Ehrfurcht begründet die Würde des Menschen. Die Würde des Menschen ist bestimmt durch die Stimme des Gewissens. Wenn ich aber meinem Gewissen folgen darf, besitze ich die Freiheit, nach Perikles die wahre Glückseligkeit.

Diese innere Freiheit ist undenkbar im totalitären System. Sie steht und fällt mit der Demokratie. Die Freiheit zu schützen nach außen und innen, nämlich nach außen gegen den Osten, nach innen gegen jede mögliche Bedrohung, ist Ziel und Zweck unseres Berufes. Ich zitiere den Art. 1 des Grundgesetzes, nach dem der Schutz der Menschenwürde und damit der Freiheit die Verpflichtung aller staatlichen Gewalt ist, und wir Offiziere als Teil und als Mittel der staatlichen Gewalt werden besonders angesprochen. Unser Beruf soll unter keinen Vorurteilen leiden, und die Bevölkerung soll ihn ohne Vorurteile betrachten. Bei all meinen Besuchen bei den Spitzen der Behörden habe ich immer darum gebeten, uns zu helfen, daß wir Soldaten nicht wieder isoliert werden, sondern daß wir als Teil der Bevölkerung betrachtet werden mögen.

Von unserer Seite aus ist es notwendig, diese erbetenen Beziehungen mit Sorgfalt und Methode zu pflegen; die 10 Jahre Zivilleben werden uns dies erleichtern. Das Tragen des Zivils in der dienstfreien Zeit gehört auch hierhin.

Diese Befreiung von der Isolierung bedeutet nicht, daß es nicht bestimmte, für uns typische Charakteristika geben soll; ja, ich möchte sagen, daß es einen bestimmten Stil geben soll, der von der hohen Auffassung unseres Berufes herrührt. Welchen anderen Berufen vertraut das Volk soviel menschliche und materielle Werte an wie uns!

Ich gehe noch einen Schritt weiter. Die großen Schwierigkeiten des wirtschaftlichen Aufbaus haben nicht mehr viel Raum für die Pflege der Vaterlandsliebe und überhaupt für ethische Werte gelassen. Es ist unsere Aufgabe, der Hüter eines Erbes zu sein, ohne das kein Staat auf die Dauer existieren kann. Ich erwähne nur das Ethos, das sich in der Kameradschaft auf Leben und Tod, in der Bereitschaft, ein Opfer zu bringen, ausdrückt. Vom alten Offizierkorps sollten wir auch das Gefühl für Ritterlichkeit und für Noblesse übernehmen, etwas, das heute in Gefahr ist. Auch Preußens »verdammte Pflicht und Schuldigkeit« vermag ich, soweit ich mich umsehe, bei dem wirtschaftlichen Streben und bei unserer Jugend kaum noch zu erkennen. Es wird unsere Aufgabe sein, in persönlicher Anspruchslosigkeit diesem von mir gekennzeichneten Stil Ausdruck zu verleihen, ohne daß wir hierbei wieder in die Gefahr kommen, isoliert zu werden. Ich weiß nicht, ob viele von Ihnen den bekannten Roman von Hermann Hesse »Das Glasperlenspiel« kennen. In diesem Roman ist die Rede von einer Elite, die nicht auf einer gesellschaftlichen Basis beruht, sondern allein auf Leistung, Charakter und Verantwortung. Wir können etwas von dem Geist dieses »Glasperlenspiel« in unser Offizierkorps übernehmen, müssen aber dabei der erwähnten Gefahr der Isolierung begegnen. In dem Roman tritt die tragende Figur schließlich aus der Elite aus, weil sie erkennt, daß sie letzten Endes ein Sonderdasein führt, also genau das, was wir Offiziere gerade vermeiden müssen. Ich empfehle Ihnen diesen Roman.

Bei unseren Bemühungen, aus der Isolierung herauszukommen, stoßen wir heute noch häufig auf das Unverständnis der Umwelt.

Über die Gründe für diese gelegentliche Einstellung müssen wir uns klar werden. Sie liegen in der erwähnten Vergangenheit. Um diese Vergangenheit zu verstehen und um ein richtiges Verhältnis zum heutigen Staat und damit gleichzeitig ein richtiges Urteil über seinen Gegensatz, den Totalizismus, draußen und drinnen zu gewinnen, müssen wir uns mit den Grundlagen und mit der Entstehung unseres Staates befassen. Dies ist der *Inhalt des staatspolitischen* Unterrichts. Ohne eine Auseinandersetzung mit der letzten Vergangenheit geht es nicht; wir sagen heute die »Bewältigung« unserer Vergangenheit. Uns Offizieren, die wir die schweren Nachkriegsjahre erlebt haben, wird dies oft schwerer als anderen Menschen. Ich erinnere an die Diffamierung. Viele von uns möchten auch ihre Ruhe nicht opfern, möchten vergessen, fühlen sich gehemmt in der Entfaltung ihrer Kräfte, wenn sie sich mit der Vergangenheit befassen. Ein hoher ehem. Marine-Offizier sagte noch kürzlich zu mir: »Der 20. Juli? Für mich kein Problem. Meine Truppe war nicht beteiligt.«

Das Gegenteil ist wahr. Die Aufgabe jedes Einzelnen von uns ist es, sich mit diesem Problem — und ein solches ist es — zu befassen. Der 20. Juli, d.h., sich mit dem beschäftigen, was wir heute unter dem Namen *Widerstand* zusammenfassen. Diese Sache geht jeden von uns unausweichlich an. Niemandem bleibt es erspart, sich mit den *Quellen* selbst zu befassen, aber ein Ergebnis dieses Studiums wage ich vorwegzunehmen: Sie werden sehen, daß es sich bei den Männern des Widerstandes nicht um Verräter handelt, sondern um Menschen, die täglich innerlich verletzt waren, weil das, was ich heute von Menschenwürde und Freiheit von Goethe und Perikles zitiert habe, in unserem Staate damals unterging und daß damit das Gewissen und wahre Glückseligkeit in Gefahr war, und Sie werden bei denjenigen, die den Widerstand grundsätzlich ablehnten, auch nicht einfach von Handlangern eines Dämons sprechen dürfen, da nämlich ihre Position größtenteils in ihrer Auffassung vom *Eid* begründet war. Wenn aber auf beiden Seiten sittliche Motive herrschen, ist es ausgeschlossen, den Andersdenkenden als Verräter zu bezeichnen oder sonstwie zu verunglimpfen. In keinem Fall darf es dazu kommen, daß sich hier Dynamit ansammelt, der den Aufbau der Bundesmarine gefährdet. Darum noch einmal: Machen Sie sich mit den Quellen vertraut, diskutieren Sie in kleinem Kreise und in kameradschaftlichem Geiste und üben Sie Toleranz. M.E. ist es keine Beeinträchtigung unseres Selbstgefühls, wenn wir heute unsere Stellungnahme von früher revidieren. Natürlich kann man diese Dinge nicht bei der Musterung bekanntgeben, wie es neulich vom Wehrbereich II kurzfristig angeordnet wurde. Es dürfte aber auch ein Thema für den lebenskundlichen Unterricht unserer Pastoren sein.

»Was einst Jubel und Jammer war, muß nun Erkenntnis werden«, sagt Jakob Burckhardt. Diese Erkenntnis macht das Studium der Dokumentation über das Dritte Reich notwendig. Dem Grauen bei der Lektion der Aktenveröffentlichung, beispielsweise über die

Judenverfolgung, darf sich kein Offizier entziehen. Ich empfehle Ihnen »Deutsche Geschichte der jüngsten Vergangenheit« von Mau & Krausnick. »Der Verrat im 20. Jahrhundert« von Margaret Boveri.

In diesem Zusammenhang muß ich ein Wort über die beiden Oberbefehlshaber der Marine sagen. Nach meiner Auffassung ist es für uns Marine-Offiziere tragisch, daß die beiden Oberbefehlshaber, die nach bestem Wissen und unter Einsatz ihrer ganzen Kräfte den Seekrieg geführt haben, heute zu einem Politikum geworden sind. Der Grund hierfür ist, daß beide Großadmirale dem Dritten Reich im Range eines Ministers gedient haben und daß beide in Reden und Auslassungen sich hinter das totalitäre Regime gestellt haben. Daraus folgt, daß wir nach unseren Auffassungen von Freiheit als der wahren Glückseligkeit und von Menschenwürde, deren Schutz Verpflichtung aller Staatsgewalt ist, nicht in der Lage sind, beide Großadmirale bei der Erziehung und Formung unserer Offiziere in Anspruch zu nehmen.

Das schließt nicht aus, daß das persönliche Verhältnis von Mensch zu Mensch erhalten bleibt, daß diejenigen, die in den betreffenden Stäben mit ihnen gearbeitet, die ein individuelles Verhältnis zu ihnen hatten, auch heute noch dieses Verhältnis pflegen und auch berufen sind, das schwere Schicksal beider durch kameradschaftliche Verbindung zu erleichtern.

Im Juni wurde in Wilhelmshaven ein Ehrenmal in der Christuskirche für die im Kriege auf See Gebliebenen eingeweiht. Ich nahm bei der Feier in der Kirche als Kommandeur der Seestreitkräfte und als Vertreter des Inspekteurs der Marine teil. Auch beide Großadmirale waren anwesend. Am Abend war eine Veranstaltung der Marine-Kameradschaft. Auf meine Frage, ob diese Veranstaltung ein Zusammensein der Teilnehmer der erwähnten Feier oder ob diese Veranstaltung zu Ehren der beiden Großadmirale sei, erhielt ich die Antwort, daß letzteres beabsichtigt wäre. Ich sah mich nicht in der Lage, an einem Treffen der Marine-Kameradschaft zu Ehren von Großadmiral Raeder und Dönitz teilzunehmen. Wohl habe ich später beiden Herren in Kiel und in Aumühle meinen Besuch gemacht.

Bei dem Studium der Zeitgeschichte sind für uns Offiziere am wichtigsten die Ereignisse, die einen Zusammenhang mit Reichswehr und Wehrmacht haben. Ich empfehle Ihnen das Buch von General Erfurth »Über die Geschichte des deutschen Generalstabs von 1918 bis 1945.« Aus ihm geht beispielsweise hervor, daß der General von Schleicher von 1926 — 1933 der Mann war, der die Ernennung und Entlassung von Minister und Reichskanzler maßgeblich beeinflußt hat. Erfurth nennt ihn Ministermacher und Ministerstürzer. — Ohne diese Vorgänge ist für uns Soldaten die heutige Organisation des Verteidigungsministeriums mit 8 zivilen und nur 4 militärischen Abteilungen nicht verständlich. Wir müssen einsehen, daß unsere Legislative Vorsorge getroffen hat, daß kein Einfluß, der nicht im Grundgesetz verankert ist, wieder als Macht hinter den Kulissen wirkt.

Wie ich festgestellt habe, haben nur wenige der Wiedereingetretenen einer Partei angehört, so daß die Demokratie mehr Theorie als Praxis für die meisten von uns ist. Ich selbst habe mich während meiner Zivilzeit nach Kräften bemüht, praktische Erfahrungen zu sammeln, war und bin Mitglied einer Partei, habe als Geschäftsführer einer politischen Arbeitsgemeinschaft fungiert und mich bei allen Wahlen als Wahlleiter beteiligt.

Bei unserer Jugend finden wir teilweise leidenschaftliches politisches Interesse, aber auch eine erschreckend politische Abstinenz, die sich nur um ihre eigene Existenz und ihre Sicherheit kümmert. Bei einem Vortrag in der Hochschule für Sozialwissenschaften in Wilhelmshaven über den Aufbau der Bundesmarine hat mich nicht einer der Studenten nach Dingen gefragt, die etwa in unser heutiges Thema fallen. Im staatspolitischen Unterricht haben wir das Interesse zu wecken; *der Soldat muß wissen, für was seine militärische Ausbildung überhaupt erfolgt.* Jeder von uns trägt eine Mitverantwortung für den Staat in sich; im totalitären System dagegen liegt die Verantwortung allein bei der Führung bzw. bei dem Führer. In diesem Zusammenhang wird auch auf die Bedeutung des Eides einzugehen sein, und ich empfehle hier wiederum die Ausnutzung des lebenskundlichen Unterrichts.

Erst wenn wir unser Verhältnis zum heutigen Staat auf solch festes Fundament gesetzt haben und uns vorbehaltlos zur Freiheit bekennen, dürfen wir uns es auch leisten, unbequeme Staatsbürger zu sein und solche zu dulden. Jeder echte verantwortungsbewußte Demokrat ist ein Untertan und hieraus folgt, daß eine Kritik an diesen und jenen Zuständen am Platze ist, sofern der Kritiker keinen Zweifel über seine Treue zum demokratischen Staat aufkommen läßt. Ich selber kritisiere z.B., daß das Pendel im Augenblick zu weit zur zivilen Seite ausgeschlagen ist. Bezeichnend für mich ist, daß in den 4 Bänden über die großen Deutschen, die Heimpel, Heuss und Reifenberg herausgegeben haben, sich unter rd. 200 Figuren sage und schreibe 5 Soldaten befinden. Ein Mann wie General York fehlt.

Die Truppe werden wir nicht nach demokratischen Spielregeln führen; aber auch hier werden wir wissen, daß unsere Befehlsgewalt sich nicht auf das Denken oder am allerwenigsten auf das Gewissen unserer Untergebenen erstreckt. Auch in der Truppe gilt aber, daß loyale, aber unbequeme Untergebene meistens die besten Soldaten sind. Ich verlange allerdings, daß Kritik fundiert ist, und daß sie in angemessener und taktvoller Art geschieht. Was mich angeht, so wird kein Offizier, der opportunistischen Neigungen huldigt, von mir gefördert werden. Über seine eigene dienstliche Stellung soll ein jeder eifersüchtig wachen, persönlich anspruchslos, aber dienstlich anspruchsvoll. Ohne ein gewisses Maß von Selbstbewußtsein kann niemand eine Truppe führen. Ich möchte hier die Erlasse des Führungsstabes der Bundeswehr vom 25. Juni 57 über Richtlinien für die Erziehung des Offizierkorps und vom 3. August 57 über Gehorsam, Verantwortung und Dienstaufsicht den Kommandeuren und Offizieren besonders empfehlen.

Den hinter uns liegenden Manövern habe ich das Stichwort »Alte Liebe« gegeben. Sie werden vermutet haben, daß hiermit nicht nur die Anlege-Brücke hier in Cuxhaven gemeint war. Wir dürfen und können aber unsere Liebe und unsere Lebensarbeit nicht in die Marine betten — nur der Marine, der Seefahrt und der Kameradschaft zuliebe. Die Marine ist kein Selbstzweck, wie es z.B. die Kunst sein kann. Ohne eine Beziehung, eine lebendige Beziehung zu unserem Staat, ist unsere Lebensarbeit sinn- und zwecklos. Sinn und Zweck der Marine ist aber der Schutz unserer Freiheit und unserer demokratischen Staatsform, der Schutz unserer Freiheit nach außen und der Schutz unserer Freiheit nach innen, der Freiheit der wahren Glückseligkeit!

Lebenslauf

22.7.1900	geboren. Vater Geheimer Studienrat und Studiendirektor an der Hauptkadettenanstalt in Lichterfelde
1.6.1918	Kriegsabitur
1.7.1918	Kaiserlicher Seekadett
30.11.1918	Entlassen vom Arbeiter- und Soldatenrat
1.12.1918	Immatrikulation an der Berliner Universität
Februar 1919 bis Juli 1919	Baltikum Marinesturmkompanie
19.7.1919	Eisernes Kreuz II. Klasse
1919 bis 1920	Banklehre und Studium in Berlin und Tübingen
Februar 1921	Seekadett Reichsmarine, 11. Minensuch-halbflottille
April 1922 bis März 1923	Kreuzer *Hamburg*, Fähnrich z.S., Marineschule
April 1923 bis März 1914	Kreuzer *Berlin*, Oberfähnrich z.S.
1.4.1924	Leutnant zur See
Oktober 1924 bis September 1927	2. Torpedobootshalbflottille, Wachoffizier
Oktober 1927 bis September 1930	Adjutant Schiffsartillerieschule; III. Marineartillerieabteilung; Kommando der Marinestation der Ostsee.
Oktober 1930 bis September 1932	Kreuzer *Königsberg*, II. A.O.
Oktober 1932 bis September 1934	Kommandant Torpedoboot *G 8*
1.7.1933	Kapitänleutnant
Oktober 1934 bis November 1937	Reichswehrministerium/Spanischer Bürgerkrieg
1.7.1937	Korvettenkapitän
November 1937 bis April 1938	Kommandantur 3./5. Zerstörer-ausbildungs-Abteilung
Mai 1938 bis Februar 1942	Kommandant Zerstörer *Erich Steinbrinck*

15.8.1939	Spange z. Eisernen Kreuz II. Klasse
6.11.1939	Eisernes Kreuz I. Klasse
1.8.1940	Fregattenkapitän
Februar 1942	Deutsches Kreuz in Gold
März 1942 bis März 1943	Kommandant Zerstörer *Hermes*
12.8.1942	Kapitän zur See
7.12.1942	Ritterkreuz
April 1943 bis November 1944	Chef der 4. Zerstörerflotte
Dezember 1944 bis Mai 1945	Seekommandant Elbe-Weser
30.1.1945	Konteradmiral
1946	Gefangenschaft
Dezember 1946	Entlassung
1947 bis 1956	Kirchliches Außenamt der Evangelischen Kirche in Deutschland
1.1.1957	Eintritt in die Bundesmarine, Flottillenadmiral
1.4.1957 bis 31.8.1961	Flottenchef
22.12.1958	Konteradmiral
31.8.1961	Verabschiedung
12.9.1961	Großes Verdienstkreuz des Verdienstordens der Bundesrepublik Deutschland
1961 bis 1965	Berater Howaldtswerke-Deutsche Werft, Kiel Prokurist Greiff-Werke, Bamberg
Mai 1965 bis September 1983	Bundesbeauftragter beim Seeamt Hamburg

Personenregister

Vorbemerkung:
Admiral Ägäis war von September 1941? bis Februar 1943 Vizeadmiral Erich Förste.
Admiral Nordmeer war von September 1942 bis März 1944 Konteradmiral Otto Klüber. Beide
Admirale werden unter ihren Namen aufgeführt.

Adalbert, Prinz von Preußen 21, 99
Adenauer, Konrad 123, 132
Albrecht, Conrad 40, 43, 61
Arnhold, Hans 27, 43
Aschmann, Frank 21, 24

Bachmann, Gustav
Baltzer, Martin 34, 85 f., 105—109
Bamler, Rudolf 49
Baudissin, Wolf Graf v. 55, 127
Baumbach, Norbert v. 23
Beck, Ludwig 49, 85, 119, 129, 132 f.
Beneckendorff und v. Hindenburg, Paul v. 14,
    32, 41, 46 f., 66, 119, 144
Benedek, Ludwig Ritter v. 99
Bentinck, Johann Graf v. 17
Bey, Erich 56, 75 f., 93, 95-100, 102, 111, 141
Bismarck, Otto Fürst v. 13, 16, 26, 44, 48
Blank, Theodor 122
Blomberg, Werner v. 37, 47—50, 54 f., 60
Blücher, Gebhardt L. v., Fürst von Wahlstatt
    90
Bobsien, Bernhard 30
Boehm, Hermann 31, 56, 63, 76, 112 f., 124,
    128
Bonte, Friedrich 39
Brauchitsch, Walther v. 133
Bredow, Ferdinand v. 48, 119
Brinkmann, Helmut 40
Brockdorff-Rantzau, Ulrich Graf v. 14
Brüning, Heinrich 41, 46, 49
Bütow, Hans 44 f.
Burchardi, Theodor 40
Byng, Sir John 113

Calder, Robert 113
Canaris, Wilhelm 33, 49, 51, 53 f., 56

Carls, Rolf 124
Chamberlain, Josef 56
Churchill, Sir Winston 91
Cicero, Marcus Tullius, röm. Staatsmann 11,
    100
Clausewitz, Karl v. 48, 91, 97, 115, 119, 124,
    126 f.
Cunningham, Sir Andrew B. 43

Dau, Kapitänleutnant 21
Dau, Fritz 26
Davidson, Hans v. 109
Densch, Hermann 40, 59
Dietl, Eduard 71
Dönitz, Karl 9, 77, 92, 97-100, 103 ff.,
    109—112, 114 f., 128
Dollmann, Friedrich 77

Ebert, Friedrich 23, 25, 31, 45
Egidy, Moritz v. 17, 20
Eisenhower, Dwight D. 114
Eschenburg, Theodor 32 f.

Faupel, Wilhelm 52
Förste, Erich 34, 40, 78, 81 ff., 123 f.
Franco, Francisco B. 51 ff., 57 f.
François-Poncet, André 50
Fraser, Sir Bruce 43, 91, 141
Fricke, Kurt 45
Friedeburg, Hans-Georg v. 48
Friedrich II. (der Große), König
    von Preußen 17, 25, 44, 113
Friedrich Wilhelm (der Große Kurfürst) 9,
    17, 44
Friedrich Wilhelm I. (Soldatenkönig) 15, 17
Friedrich Wilhelm III., König von Preußen
    127